술술술 일기 쓰는 국어왕

받아쓰기도 왕

맞춤법 척척! 생각 쑥쑥!
술술술 일기 쓰는 국어왕

글 강효미, 최설희 | **그림** 젬제이
펴낸날 2013년 4월 15일 초판 1쇄, 2021년 7월 19일 초판 4쇄
펴낸이 김상수 | **기획·편집** 서유진, 권정화, 조유진, 이성령 | **디자인** 문정선, 조은영, 민유경 | **영업·마케팅** 황형석, 임혜은
펴낸곳 루크하우스 | **주소** 서울시 서초구 사임당로 50 해양빌딩 504호 | **전화** 02)468-5057 | **팩스** 02)468-5051
출판등록 2010년 12월 15일 제2010-59호

www.lukhouse.com cafe.naver.com/lukhouse

ⓒ 강효미 2013
저작권자의 동의 없이 무단 복제 및 전재를 금합니다.

ISBN 978-89-97174-66-9 63710

※ 잘못된 책은 구입처에서 바꾸어 드립니다.
※ 값은 뒤표지에 있습니다.

상상의집은 (주)루크하우스의 아동출판 브랜드입니다.

맞춤법 척척! 생각 쑥쑥!

슥슥슥 일기 쓰는 국어왕

받아쓰기도 왕

상상의집

머리말

어렵고 지겨운 일기 쓰기, 즐거워질 수 없을까?

어린이 친구들이 학교에 입학하자마자 가장 어려워하는 숙제는 수학도, 영어도 아닌 일기 쓰기라고 해요.

답이 똑 떨어지는 문제는 쉽고 빠르게 성취감을 얻을 수 있지만 한 면을 가득 채워 써야 하는 일기는 어쩌면 지루하고 어렵게 느껴지는 게 당연할 거예요.

특히 그 어려운 일을 매일 매일 반복해야 한다는 것도 무척이나 괴로운 일이겠지요.

원래 일기는 그날그날 겪은 일이나 생각을 적는 기록문으로 누군가에게 검사받기 위해 쓰는 것은 아니에요. 자신의 일기를 부모님이나 선생님이 검사하는 것이 불만이라 일기 쓰기가 싫은 친구도 있을 거예요.

하지만 수학이나 축구도 반복적인 훈련을 통해 실력이 느는 것처

럼 일기도 마찬가지예요. 어릴 때 확실히 손에 익혀 놓으면 평생 즐겁게 일기를 쓸 수 있기 때문에 습관이 들 때까지 어른들의 도움을 받는 것이랍니다.

더불어 일기라는 글짓기 훈련을 통해 한글의 정확한 맞춤법까지 익힐 수 있으니 금상첨화겠지요?

이 책은 일기와 함께 우리말의 맞춤법, 띄어쓰기를 동시에 익힐 수 있게 구성되어 있어요.

'일기는 왜 쓰는 걸까? 일기 쓰기가 재미있어질 순 없을까?'

이런 고민을 한 번이라도 해 본 친구라면 똑같은 고민을 하고 있는 주인공 테오의 이야기를 읽으며 어느새 일기 쓰기가 쉽고 즐거워진 것을 느낄 수 있을 거예요.

외국에서 살다 온 테오는 빨간 줄 공포증에 시달릴 정도로 일기 쓰기를 어려워한대요. 그런 테오가 새침데기 여자 친구 예나를 만나 어느새 일기 쓰기가 즐거워졌다고 해요.

그럼, 테오의 일기 쓰기 비법을 몰래 엿보러 가 볼까요?

이 책의 구성 및 활용법

재미있는 동화 읽기

- 일기 쓰기를 둘러싼 테오와 예나의 이야기가 흥미진진하게 펼쳐져요.
- 일기 쓰기가 고민인 테오가 성장하는 과정을 통해 일기를 왜 써야 하는지 깊이 생각할 수 있어요.
- 주인공들의 일기에 선생님의 첨삭이 더해져 일기를 쓰는 이유, 일기 잘 쓰는 법, 자주 틀리는 맞춤법·띄어쓰기를 한눈에 살펴볼 수 있어요.

동화로 배우는 일기 쓰기

- 동화 속 테오의 고민을 해결하는 과정에서 다양한 글짓기 방법을 배워요.
- 관찰일기, 감상일기, 편지일기, 여행일기 등 다양한 일기의 종류와 일기 쓰기 방법을 알려 줘요.

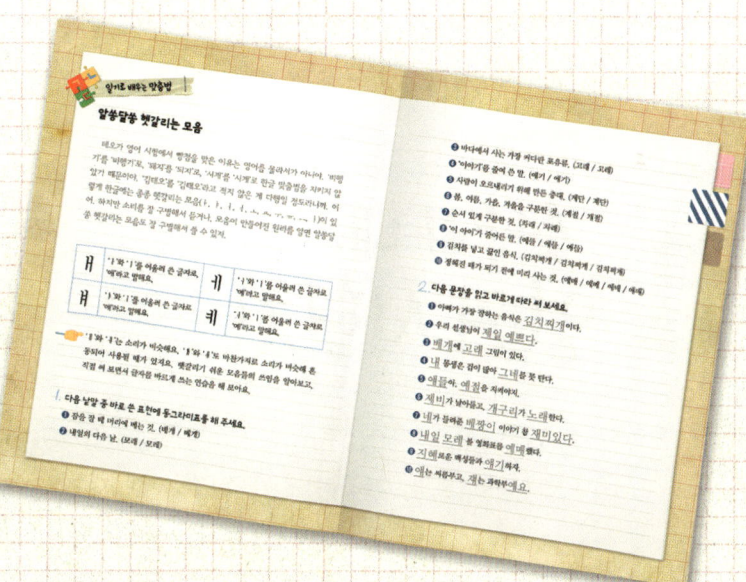

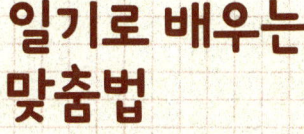

일기로 배우는 맞춤법

- 자주 틀리는 맞춤법·띄어쓰기를 원인별로 모았어요.
  (예) '헷갈리는 모음', '받침이 두 개일 때')
- 핵심이 되는 맞춤법의 원칙을 알려 줘요.
- 문제 풀기, 따라 쓰기, 받아쓰기 등 다양한 활동을 통해 우리말 실력을 점검해요.

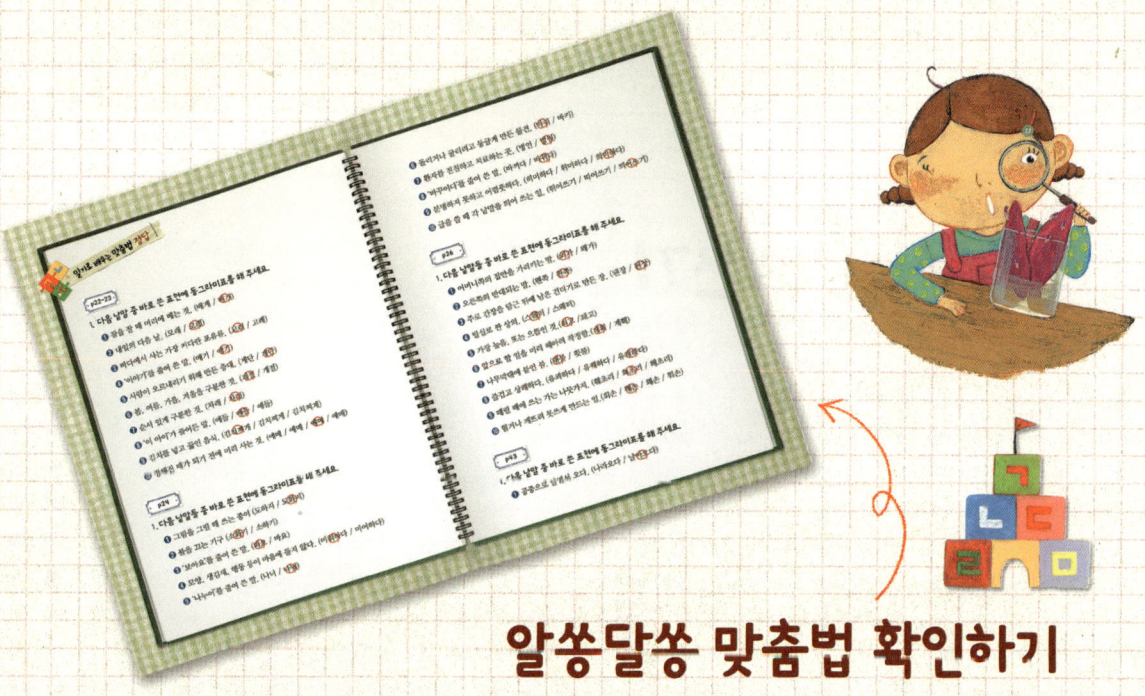

알쏭달쏭 맞춤법 확인하기

- 문제에 대한 정답과 해설을 담았어요.
- 정답을 확인하며 우리말 달인에 도전해 보세요!

차례

1 소낙비 내리는 영어 시험지 10

동화로 배우는 일기 쓰기 : 받아쓰기 못하면 글짓기도 못한다?　20
일기로 배우는 맞춤법 : 알쏭달쏭 헷갈리는 모음　22

2 빨간 글씨 공포증 28

동화로 배우는 일기 쓰기 : 일기, 대체 왜 쓰는 거야?　40
일기로 배우는 맞춤법 : 소리 나는 대로 쓰면 안 돼요　42

3 일기 받아쓰기 48

동화로 배우는 일기 쓰기 : 일기에는 꼭 갖추어야 할 것들이 있어　62
일기로 배우는 맞춤법 : 받침이 두 개일 때 주의해야 해요　64

4 예나의 일기 70

동화로 배우는 일기 쓰기 : 일기를 좀 더 재미있게 쓰고 싶어!　80
일기로 배우는 맞춤법 : 이걸까? 저걸까? 헷갈리기 쉬운 표현　82

5 예나 일기 베껴 쓰기 ········· 88

동화로 배우는 일기 쓰기 : 사진일기, 그림일기　　102
일기로 배우는 맞춤법 : 소리는 같지만 모양과 뜻이 달라요　　104

6 잘못 베낀 일기 ········· 110

동화로 배우는 일기 쓰기 : 관찰일기, 감상일기　　124
일기로 배우는 맞춤법 :
받침은 'ㄱ, ㄴ, ㄷ, ㄹ, ㅁ, ㅂ, ㅇ'으로만 소리내요　　126

7 들통난 비밀 ········· 132

동화로 배우는 일기 쓰기 : 상상일기, 대화일기　　140
일기로 배우는 맞춤법 : '이'나 '히'로 끝나는 낱말을 구분해요　　142

8 우리들의 진짜 일기장 ········· 146

동화로 배우는 일기 쓰기 : 편지일기, 여행일기　　166
일기로 배우는 맞춤법 : 약속으로 정한 낱말들을 기억해요　　168

맞춤법 정답 ········· 180

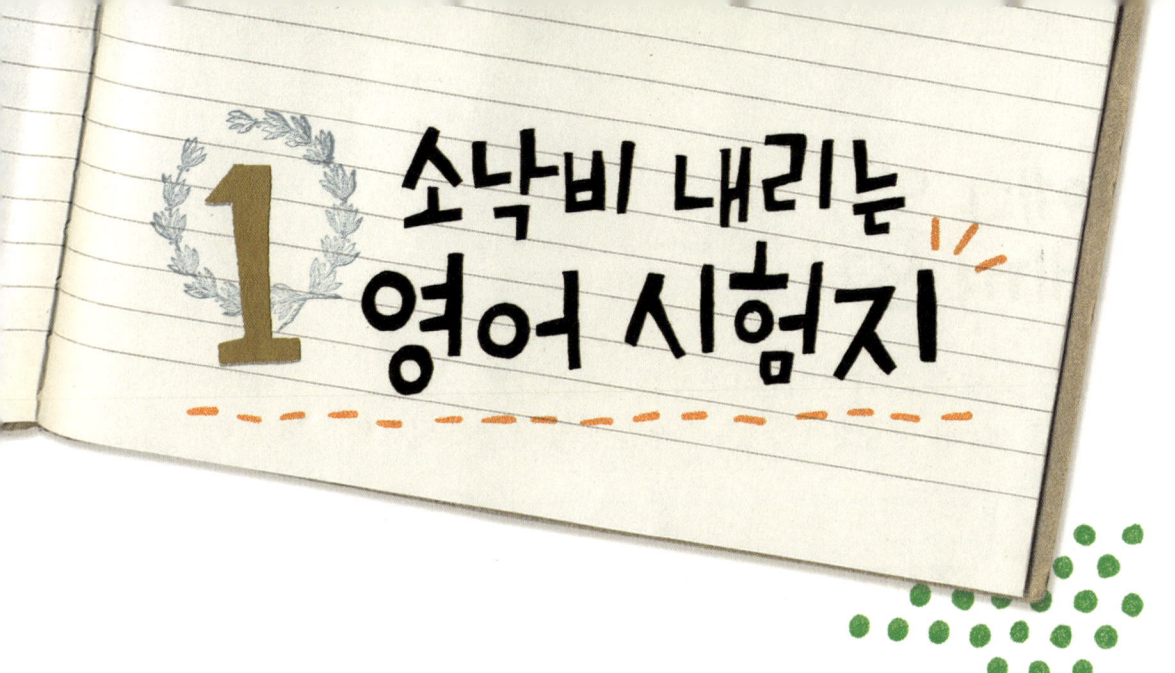

1 소낙비 내리는 영어 시험지

띠잉동 띠이이잉동.

오늘은 초인종 소리도 비를 쫄딱 맞은 생쥐 울음소리 같아.

"누구세요? 우리 테오니?"

"네……."

목소리도 하루 종일 쫄쫄 굶은 것처럼 기운이 없어.

책가방을 멘 어깨도 아파. 딸랑 교과서 두 개랑 필통이 들었을 뿐인데 말이야.

범인은 바로 영어 시험지 한 장이야! 그것 때문에 책가방이 벽돌을 잔뜩 짊어진 것처럼 무거운 거야.

쿵쿵쿵!

엄마가 현관까지 달려오는 소리가 나고 문이 벌컥 열렸지.

"우리 테오가 영어 시험 빵점이라니!"

엄마는 벌게진 얼굴로 숨을 거칠게 몰아쉬었어! 하늘이 무너져 내린 것 같은 표정으로 말이야.

"정말이니? 우리 테오 정말로 빵점이야?"

"……응."

정말이야. 나는 오늘 영어 시험에서 빵점을 받았어.

"그게 말이 돼? 우리 테오가 어떻게 영어 시험에서 빵점을 받아?"

그건 내가 묻고 싶은 말인걸.

빨간 소낙비가 좍좍 내리는 시험지를 받아 들었을 땐 정말 눈앞이 캄캄했다구. 반 아이들이 큭큭거리며 비웃는 것 같아서 쥐구멍에라도 숨고 싶었어.

……어라, 잠깐?

그런데 엄마는 내가 집에 오기 전에 어떻게 이 소식을 알았을까?

어휴. 보나 마나 뻔해. 이건 첫 장부터 범인이 너무나 뻔한 추리 소설 같은 얘기니까.

나는 얼굴이 새빨개지도록 키득거리던 그 애의 얼굴이 떠올라서 이가 갈렸어.

그 애가 누구냐고?

'스파이' 박예나!

난 그 애가 정말 싫어. 하필 전학 온 첫날 그 애와 짝꿍이 되다니. 그 애는 공주병에 잘난 척 대마왕이야. 게다가 키는 나보다 한 뼘이나 더 커서 언제나 나를 내려다보며 비웃는 것 같단 말이야.

그 뿐인 줄 알아? 그 애가 학교에서 하는 일이라곤 오로지 이 김테오 감시 밖엔 없는 것 같아.

내가 무슨 일만 하면 그 애는 쪼르르 달려가 자기 엄마한테 모든 것을 일러바쳐. 그러면 예나네 엄마는 또 우리 엄마한테 후다닥 전화를 걸어 내가 '아직' 엄마한테 하지 않은 이야기들을 줄줄 늘어놓는 거야.

학교에서 돌아왔을 때 엄마가 수화기를 들고 있으면 나는 겁부터 나. 오늘은 또 무슨 소식을 전해 듣고 있을까 싶어서 말이야.

엄마는 급하게 수화기를 들었어.

"여보! 큰일 났어!"

엄마는 아빠에게 이 소식을 알리려는 모양이야.

"크…… 큰일이라니?"

"세상에나, 우리 테오가 영어 시험에서 빵점을 받았지 뭐야."

어휴, 내가 못 살아. 엄마의 목소리가 쩌렁쩌렁 거실에 울려 퍼졌어. 아파트 전체에 나의 빵점 소식을 알리려나 봐.

"뭐어야? 우리 테오가 영어 시험에서 빵점을 받았다고라?"

으악. 아빠노 회사 전체에 내 빵점 소식을 알리고 있이.

수화기 너머 아빠의 목소리가 꼭 귀에 대고 소리를 지르는 것처럼 따가워.

"그렇다니까? 이게 말이나 되는 얘기야?"

"당신이 뭔가 잘못 안 거 아니야? 영국에서 3년이나 살다 온 우리 테오가 그럴 리가 있나!"

"그렇지? 뭔가 이상하지?"

"이상하고말고. 이건 분명히 테오가 우리를 놀리려고 장난을……."

나는 조용히 빨간 줄이 좍좍 그어진 영어 시험지를 꺼내 엄마한테 내밀었지.

"꺅!"

"무…… 무슨 일이야?"

엄마는 못 볼 것이라도 봤다는 듯 눈을 질끈 감았어.

"지…… 진짜야. 정말로 빵점이야!"

"허참, 이거 큰일이군. 잠시만 기다려! 오늘은 칼같이 퇴근할 테니까!"

아빠는 부리나케 전화를 끊었어. 아빠는 허겁지겁 보던 서류들을 내려놓고 가방을 챙기겠지.

아빠 말처럼 나는 영국에서 3년 동안 살다 지난달에 한국으로 돌아왔어. 아빠가 영국 지사에 발령이 나는 바람에 온 가족이 영국으로 건너갔던 거야.

엄마는 아빠의 발령 소식을 듣고 무척 신바람이 났다고 했어.

"이런 날이 올 줄 알고 내가 아이 이름도 테오라고 지었지! 호호."

테오는 세련되면서도 외국인들이 발음하기 쉬운 이름이니까 말이야.

3년 동안 나는 영국에서 자연스레 영어를 익혔어. 점점 우리말보다 영어가 익숙해졌지. 나중에는 꿈도 영어로 꿀 정도였다니까? 그 정도로 영어 하나는 정말 자신이 있었는데…….

잠시 후, 우리 세 가족은 문제의 영어 시험지를 가운데 두고 머리를 맞댄 채 둘러앉았어.

엄마가 맨 먼저 고개를 갸우뚱했어.

"1번은 왜 틀린 거지?"

아빠도 잇달아 고개를 갸우뚱했어.

"2번은 분명히 잘 쓴 것 같은데……?"

나도 고개를 갸우뚱했어.

"3번은 정말 왜 틀렸는지 모르겠어요."

우리 세 가족은 동시에 고개를 갸우뚱했어.

"4번도, 5번도, 6번도 도통 모르겠군, 모르겠어!"

"7번도, 8번도, 9번도 알 수가 없군."

"10번은 왜 틀렸을까요?"

| 영어 | 중간시험 | 반: 3 번호: 13 이름: 김태오 |

※ 다음 영어 단어의 뜻을 쓰세요.

1. airplane 비헹기 비행기
2. pig 도지 돼지
3. chicken 닭 닭
4. clock 시계? 시계
5. teach 가리키다 가르치다

※ 다음 영어 문장의 뜻을 쓰세요.

6. Nice to meet you.
만나서 반갑슴니다. 습
7. Let me introduce myself. 겟
저 자신을 소개 하젓슴니다
8. I like music. 좋
나는 음악을 조아합니다
9. Excuse me. 례
실레합니다.
10. This is a pencil.
이거스 연필입니다
이것은

시험지를 샅샅이 훑어본 엄마와 아빠는 동시에 입을 모았어.

"아하! 알겠다, 알겠어!"

"그러니까, 영어를 틀린 게 아니고……."

"우리말을 틀린 거로군?"

엄마와 아빠는 펄쩍 뛰어오르며 손뼉을 맞잡았어.

"그럼 그렇지. 우리 테오가 영어를 틀릴 리가 없지. 하하."

"휴, 정말 다행이네. 호호."

"잠깐이지만 깜짝 놀랐지 뭐야."

"이제 걱정할 거 없겠어. 테오는 영어를 못하는 게 아니라 우리말을 못하는 거니까."

"그럼, 우리 테오가 영어 하나는 끝내주게 잘하잖아. 하하하."

"당연하지! 누구 아들인데? 오호호."

하지만 서로 마주 본 엄마와 아빠의 얼굴이 동시에 일그러졌지.

"그…… 그런데 여보. 뭔가 이상하지 않아?"

"그렇지? 뭔가 찝찝한 이 느낌은……."

어휴!

엄마와 아빠는 이제야 깨달았나 봐.

두 사람은 동시에 내 얼굴을 쳐다보며 소리쳤어.

"으악! 그러고 보니 여긴 영국이 아니잖아!"

"우리말이 이렇게 엉망일 줄은 상상도 못 했어! 이제 우리나라에서

학교를 다녀야 하는데 어떡하면 좋아!"

"영어만 잘하면 뭐 해!"

"큰일 났네, 큰일 났어."

엄마 아빠 말처럼 나는 이제 영국이 아닌 우리나라에서 학교를 다녀야 하고, 영어보다는 우리말을 훨씬 더 잘해야 하는데 어떡하면 좋아?

우리말이 이렇게 어려운 줄 나는 꿈에도 몰랐어.

교과서를 봐도 무슨 뜻인지 이해가 안 되고, 글짓기 시간은 정말이지 내가 싫어하는 김치를 입안 가득 넣고 씹는 것처럼 참기 힘들어.

영어 단어는 머릿속에서 번뜩 떠오르는데 우리말은 꽁꽁 숨어서 나오려 하질 않는단 말이야.

"나 다시 영국으로 돌아가면 안 돼요?"

엄마 아빠는 대답 대신 걱정스러운 눈빛만 주고받을 뿐이었지.

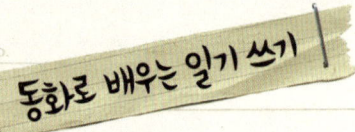
동화로 배우는 일기 쓰기

"받아쓰기 못하면 글짓기도 못한다?"
맞춤법과 글짓기를 동시에 배우는 마법의 일기 쓰기

영국에서 막 돌아온 테오는 자신만만하던 영어 시험에서 빵점을 맞았어. 빨간 소낙비가 주룩주룩 내리는 시험지를 받아 들었을 때, 테오는 쥐구멍에라도 숨고 싶었지. 얼굴이 빨갛게 달아오르고 가슴이 콩닥콩닥 뛰고 예나가 자기 시험지를 볼까 봐 겁도 났어.

테오네 가족은 머리를 맞대고 고민하기 시작했어.

"대체 뭐가 문제지?"

걸음마도 하기 전에 배우는 ABC
가나다는 어디에 있을까?

과연 이것이 테오만의 문제일까? 아니야. 외국에서 살다 오지 않았더라도 테오처럼 우리말보다 영어 알파벳이 익숙한 친구들이 많을 거야. 기본적인 맞춤법을 지키기도 어려운데 글짓기까지 하려면 한숨부터 푹 나오는 건 당연해.

실타래처럼 복잡한 머릿속 생각,
멋지게 표현하고 싶어

슬프고 기쁘고 화나고 짜증나는 수많은 기분들을 어떻게 하면 잘 표현할 수 있을까? 머릿속에 실타래처럼 복잡하게 얽힌 생각을 정확하게 표현하려면 생각하는 힘과 표현하는 힘이 동시에 필요해!

책 읽기로 생각을 탄탄하게, 마음을 단단하게

　글짓기를 할 때 가장 어려운 것은 무엇을 쓸지 결정하는 거야. 글을 잘 쓰려면 내가 잘 알고 있는 소재를 선택하는 것이 중요해. 고양이를 키워 본 경험이 있거나 고양이에 관한 책을 읽었다면 고양이에 대한 글짓기를 하기가 쉽겠지? 평소 꾸준하게 책을 읽고, 주변 사물을 주의 깊게 관찰하고 생각하는 습관을 가져야 다양하고 풍부한 이야깃거리가 나오지.

천 리 길도 한 걸음부터!
차곡차곡 표현하는 힘을 기르자

　영국에서 전학 온 테오는 맞춤법과 띄어쓰기 규칙을 몰라서 일기 쓰기가 너무 어려워. 오늘 있었던 일을 말로 하라면 술술 이야기할 수 있을 텐데, 글로 쓰라면 눈앞이 캄캄해. 일기 쓰기를 포기하고 영국으로 돌아가야 하는 거 아닐까? 이렇듯 우리말의 기본적인 규칙을 모르면 글을 쓸 때마다 '이렇게 쓰는 게 맞나?' 하고 고민하다 글의 흐름을 놓치게 될 거야. 또 나중에 일기장을 보았을 때 무슨 뜻인지 몰라 고개를 갸웃거리겠지?

글쓰기와 맞춤법 공부를 동시에?
정답은 '일기 쓰기'

　우리말과 우리글을 공부하는 가장 좋은 방법은 바로 일기 쓰기야. 매일매일 일기를 쓰면서 올바른 표현을 익히려고 노력하다 보면 어느새 맞춤법·띄어쓰기의 달인이 될 거야. 물론 처음에는 많이 틀리겠지. 틀리는 걸 무서워하지 말고, '오늘 있었던 일'을 자세하게 표현해 보자. 생각하는 힘과 표현하는 힘이 동시에 쑥쑥 자랄 거야. 못 믿겠다고? 그럼 테오가 어떻게 변화하는지 살펴볼까?

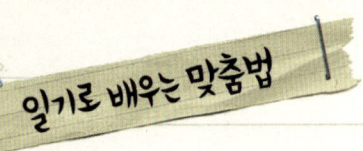

알쏭달쏭 헷갈리는 모음

테오가 영어 시험에서 빵점을 맞은 이유는 영어를 몰라서가 아니야. '비행기'를 '비헹기'로, '돼지'를 '되지'로, '시계'를 '시게'로 한글 맞춤법을 지키지 않았기 때문이야. '김테오'를 '김태오'라고 적지 않은 게 다행일 정도라니까. 이렇게 한글에는 헷갈리는 모음이 종종 있어. 하지만 소리를 잘 구별해서 듣거나, 모음이 만들어진 원리를 알면 알쏭달쏭 헷갈리는 모음도 잘 구별해서 쓸 수 있지.

ㅐ	'ㅏ'와 'ㅣ'를 어울러 쓴 글자로, '애'라고 말해요.	ㅔ	'ㅓ'와 'ㅣ'를 어울러 쓴 글자로, '에'라고 말해요.
ㅒ	'ㅑ'와 'ㅣ'를 어울러 쓴 글자로, '얘'라고 말해요.	ㅖ	'ㅕ'와 'ㅣ'를 어울러 쓴 글자로, '예'라고 말해요.

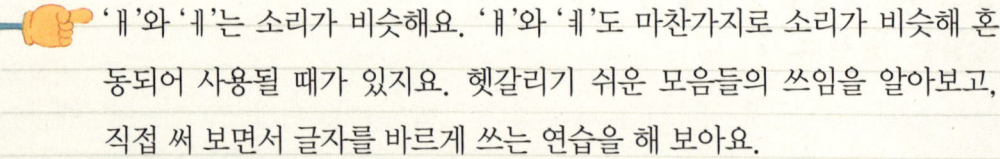

'ㅐ'와 'ㅔ'는 소리가 비슷해요. 'ㅒ'와 'ㅖ'도 마찬가지로 소리가 비슷해 혼동되어 사용될 때가 있지요. 헷갈리기 쉬운 모음들의 쓰임을 알아보고, 직접 써 보면서 글자를 바르게 쓰는 연습을 해 보아요.

1. 다음 낱말 중 바로 쓴 표현에 동그라미표를 해 주세요.
   ❶ 잠을 잘 때 머리에 베는 것. (배게 / 베개)
   ❷ 내일의 다음 날. (모래 / 모레)

❸ 바다에서 사는 가장 커다란 포유류. (고래 / 고레)

❹ '이야기'를 줄여 쓴 말. (애기 / 얘기)

❺ 사람이 오르내리기 위해 만든 층대. (게단 / 계단)

❻ 봄, 여름, 가을, 겨울을 구분한 것. (계절 / 걔절)

❼ 순서 있게 구분한 것. (차래 / 차례)

❽ '이 아이들'이 줄어든 말. (에들 / 애들 / 예들)

❾ 김치를 넣고 끓인 음식. (김치찌개 / 김치찌게 / 김치찌계)

❿ 정해진 때가 되기 전에 미리 사는 것. (얘매 / 예메 / 예매 / 애매)

2. 다음 문장을 읽고 바르게 따라 써 보세요.

❶ 아빠가 가장 잘하는 음식은 <u>김치찌개</u>이다.

❷ 우리 선생님이 <u>제일 예쁘다</u>.

❸ <u>베개</u>에 <u>고래</u> 그림이 있다.

❹ <u>내</u> 동생은 겁이 많아 <u>그네</u>를 못 탄다.

❺ <u>애들</u>아, <u>예절</u>을 지켜야지.

❻ <u>제비</u>가 날아들고, <u>개구리</u>가 <u>노래</u>한다.

❼ <u>네</u>가 들려준 <u>베짱이</u> 이야기 참 <u>재미있다</u>.

❽ <u>내일모레</u> 볼 영화표를 <u>예매</u>했다.

❾ <u>지혜</u>로운 백성들과 <u>얘기</u>하자.

❿ <u>얘</u>는 씨름부고, <u>쟤</u>는 과학부<u>예요</u>.

과	'ㅗ'와 'ㅏ'를 어울러 쓴 글자로, '와'라고 말해요.	ᅱ	'ㅜ'와 'ㅣ'를 어울러 쓴 글자로, '위'라고 말해요.
ᅯ	'ㅜ'와 'ㅓ'를 어울러 쓴 글자로, '워'라고 말해요.	ᅴ	'ㅡ'와 'ㅣ'를 어울러 쓴 글자로, '의'라고 말해요.

👉 종종 '와'는 '아'로, '워'는 '어'로, '위'와 '의'를 '이'로 잘못 발음하기도 해요. 글자를 정확하게 쓰는 것도 중요하지만, 평소 바르고 정확하게 발음하는 것도 무척 중요하답니다. 바른 표현을 찾아 소리 내어 읽으며 따라 써 보세요.

1. 다음 낱말들 중 바로 쓴 표현에 동그라미표를 해 주세요.

❶ 그림을 그릴 때 쓰는 종이. (도하지 / 도화지)

❷ 불을 끄는 기구. (소화기 / 소하기)

❸ '보아요'를 줄여 쓴 말. (봐요 / 바요)

❹ 모양, 생김새, 행동 등이 마음에 들지 않다. (미워하다 / 미어하다)

❺ '나누어'를 줄여 쓴 말. (나너 / 나눠)

❻ 돌리거나 굴리려고 둥글게 만든 물건. (바퀴 / 바키)

❼ 환자를 진찰하고 치료하는 곳. (병언 / 병원)

❽ '바꾸이다'를 줄여 쓴 말. (바끼다 / 바뀌다)

❾ 분명하지 못하고 어렴풋하다. (히미하다 / 휘미하다 / 희미하다)

❿ 글을 쓸 때 각 낱말을 띄어 쓰는 일. (뛰어쓰기 / 띠어쓰기 / 띄어쓰기)

2. 다음 문장을 읽고 바르게 따라 써 보세요.

❶ 오늘 간식은 <u>사과</u>와 <u>과자</u>란다.

❷ <u>기와</u>지붕 <u>위</u>로 눈이 가득 쌓였다.

❸ <u>저희가 도와줄까요?</u> / 괜찮아요. <u>가벼워요.</u>

❹ 토끼 모양 <u>귀마개</u>를 하니 <u>귀엽구나</u>.

❺ <u>권총</u>에 부상당한 <u>환자</u>를 즉시 <u>병원</u>으로 이동시켜 <u>줘요</u>.

❻ 여름에는 <u>더위</u>와 싸우고, 겨울에는 <u>추위</u>와 <u>싸워야</u> 한다.

❼ <u>어두워도</u> 눈을 크게 뜨고 잘 <u>봐야</u> 해요.

❽ 그 일의 <u>원인</u>과 <u>결과</u>를 생각해 보자.

❾ 선생님은 나에게 맞춤법과 <u>띄어쓰기</u>에 <u>주의</u>하라고 하셨다.

❿ <u>누워서</u> 떡 먹기처럼 <u>쉬운</u> 문제를 틀려서 <u>부끄러워요</u>.

ㅚ	'ㅗ'와 'ㅣ'를 어울러 쓴 글자로, '외'라고 말해요.
ㅙ	'ㅗ'와 'ㅐ'를 어울러 쓴 글자로, '왜'라고 말해요.
ㅞ	'ㅜ'와 'ㅔ'를 어울러 쓴 글자로, '웨'라고 말해요.

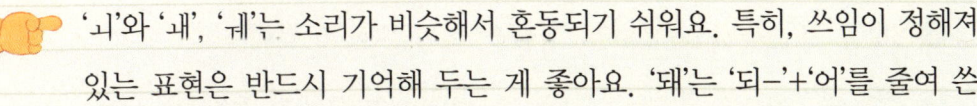 'ㅚ'와 'ㅙ', 'ㅞ'는 소리가 비슷해서 혼동되기 쉬워요. 특히, 쓰임이 정해져 있는 표현은 반드시 기억해 두는 게 좋아요. '돼'는 '되-'+'어'를 줄여 쓴

말이에요. '방학이 되어'는 '방학이 돼'로 바꾸어 쓸 수 있지요. '왜'와 '웬'의 차이도 꼭 기억해 두세요. '왜'는 '무슨 까닭에서, 어째서'의 의미이고, '웬'은 '어찌 된'이라는 의미로 쓰인답니다.

1. **다음 낱말들 중 바로 쓴 표현에 동그라미표를 해 주세요.**
   ① 어머니쪽의 집안을 가리키는 말. (외가 / 왜가)
   ② 오른쪽의 반대되는 말. (왠쪽 / 왼쪽)
   ③ 주로 간장을 담근 뒤에 남은 건더기로 만든 장. (됀장 / 된장)
   ④ 털실로 짠 상의. (스웨터 / 스왜터)
   ⑤ 가장 높음. 또는 으뜸인 것. (최고 / 쵀고)
   ⑥ 앞으로 할 일을 미리 헤아려 작정함. (계획 / 계획)
   ⑦ 나무막대에 붙인 불. (햇불 / 횃불)
   ⑧ 즐겁고 상쾌하다. (유쾨하다 / 유퀘하다 / 유쾌하다)
   ⑨ 때릴 때에 쓰는 가는 나뭇가지. (훼초리 / 회초리 / 홰초리)
   ⑩ 헐거나 깨뜨려 못 쓰게 만드는 일. (회손 / 훼손 / 홰손 / 훠손)

2. **다음 문장을 읽고 바르게 따라 써 보세요.**
   ① <u>외계</u>인이 저 밭을 <u>훼손</u>시켰을 거래.
   ② 이게 <u>웬</u> <u>열쇠</u>지?
   ③ <u>돼지고기</u> 값은 내리고, <u>쇠고기</u> 값은 올랐다.
   ④ <u>왠지</u> 오늘은 <u>회사</u>에서 <u>최고</u>의 실적을 낼 것 같다.
   ⑤ <u>외국인</u>이 <u>웨이터</u>에게 담배를 피워도 <u>되냐고</u> 물었다.

❻ <u>스웨터</u>에서 <u>상쾌한</u> 향이 난다.
❼ <u>괴물</u>은 <u>꾀꼬리</u>의 노랫소리에 감동을 받았다.
❽ <u>왜냐하면</u> <u>궤도</u>를 벗어나면 안 <u>되기</u> 때문이다.
❾ 어른이 <u>돼도</u> <u>외할머니</u>는 자주 <u>찾아뵐</u> 것이다.
❿ 할머니는 밥이 <u>되게</u> <u>됐지만</u> <u>괜찮다고</u> 하셨다.

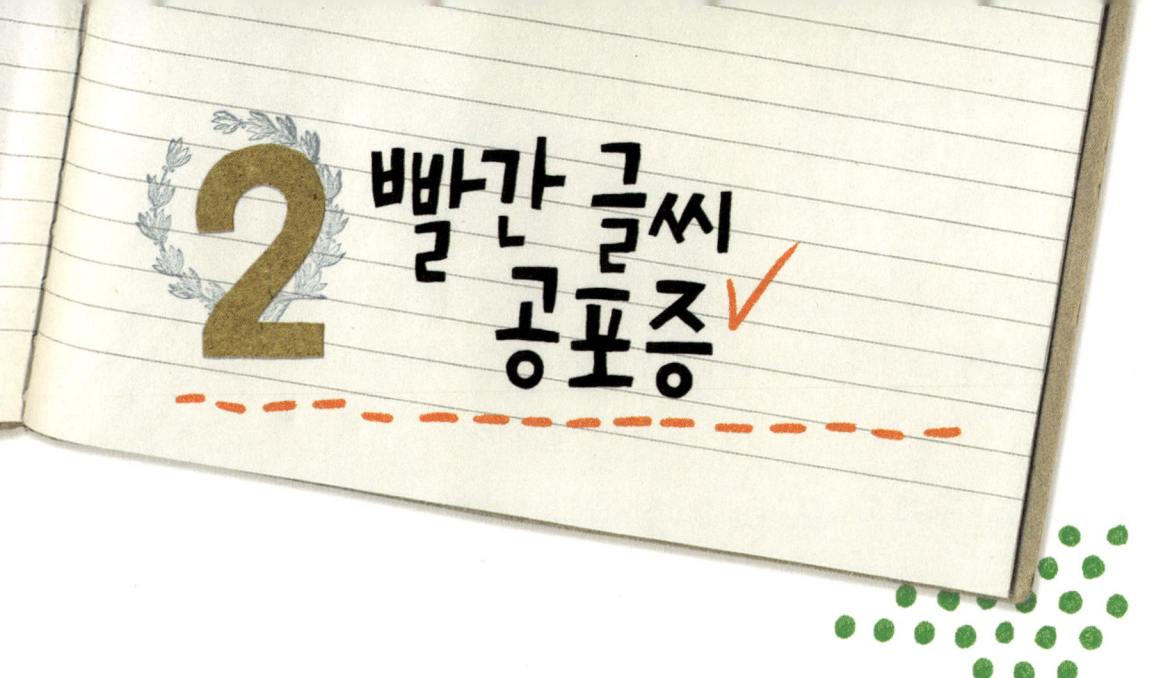

2 빨간 글씨 공포증

"김테오! 그동안은 봐줬지만 이젠 안 돼!"

다음 날, 선생님은 일기장 검사를 하다 말고 내게 말했어.

"일기 쓰기가 어려운 건 알겠지만 그렇다고 이렇게 엉망진창으로 쓰면 안 되지."

엉망진창이라고? 내 일기가?

"이렇게 한두 줄만 겨우 써도 안 되고."

'쓸 말이 없는데 어떡하라고요!'

나는 속으로 외쳤어.

"하루 동안 얼마나 많은 일들이 일어나니? 쓸 말이 없다는 건 핑계야."

이크. 선생님한테 내 속마음을 들켰나 봐.

근데 짧게 쓴 거 말고 뭐가 문제라는 거지?

나는 선생님이 내미는 일기장을 받아 펼쳐 보았어.

테오의 일기

월   일   요일   날씨

배가 아팟다.
　　　　아팠다.

엄마가 공부하기 시러서
　　　　　　　　싫어서

꽤병이 난거라고 햇다.
꾀병　　　　　　했다

저녁에는 돈까스를 먹엇다.
　　　　돈가스　　먹었다.

4월 2일

날짜는 맨 첫머리에 써야 해.
날짜 옆에 오늘의 날씨도 써 주고!

돈가스는 맛있었겠구나.
하지만 한 가지 사건을 더 자세히 써 보면 좋겠지?
느낀 점도 덧붙이면 어떨까?

일기장은 마치 빨간 딸기가 주렁주렁 열린 딸기밭 같았어. 선생님이 빨간 색연필로 고쳐 놓은 글씨들이 내 일기장을 가득 채우고 있었거든.

빨간 글씨들을 보니까 눈이 뱅뱅 도는 것 같아.

"맞춤법을 많이 틀리는구나. 한글이 많이 어렵니?"

"네……."

나는 기운 없이 고개를 끄덕였어.

"일기 쓰기보다 더 좋은 한글 공부는 없단다. 앞으로는 일기를 쓰면서 선생님과 한글 공부를 해 보자."

싫어요! 싫어요!

"내일부터 선생님이 고쳐 준 맞춤법을 다섯 번씩 써 오도록 해. 알겠지?"

싫어요! 싫어요! 싫어요!

하지만 나는 싫다는 말 대신 이렇게 말했지.

"다섯 번은 너무 많단 말이에요!"

선생님의 눈꼬리가 슬쩍 올라가서 나는 깨갱거리며 자리로 돌아왔어.

일기를 보면서 나도 모르게 울상을 짓고 있는데 누군가 일기장을 홱 빼앗아 가는 거야.

"어디 한번 보자!"

스파이 예나였어.

"이리 내! 얼른!"

"큭큭. 완전 빨간 글씨 투성이네."

"어디, 어디 나도 볼래."

반 아이들이 우르르 몰려들었어.

내가 아무리 발버둥쳐도 키가 큰 예나가 일기장을 높이 쳐드니까 소용이 없었어.

때마침 수업 시작종이 울리지 않았다면 내 일기는 반 전체에 빨가벗겨졌을 거야.

수업이 시작했는데도 나는 마음이 진정되지 않았어.

영국에서 살다 왔으니까 우리말을 잘 못하는 건 당연하잖아. 일기 쓰기도 어려운 게 당연하고.

정말 예나가 얄미워. 나는 분이 안 풀려서 씩씩거렸어.

그때 교탁 위에 놓여 있는 작은 주전자가 보였지. 주전자를 보니까 얼마 전에 읽은 요술 램프 이야기가 생각났어.

나한테도 요술 램프가 하나 생기면 얼마나 좋을까? 요술 램프를 문지르면 '펑' 하는 소리와 함께 램프의 요정이 튀어나와 내게 한쪽 무릎을 꿇고 말하겠지?

"주인님, 무슨 소원을 들어 드릴까요?"

그럼 나는 큰 소리로 말할 거야.

"일기를 대신 써 줘! 난 놀러 나갔다 올 테니까."

"예. 당장 써 놓겠습니다."

"참. 어제 틀린 글자도 다섯 번씩 써 놔."

"열 번이라고 못 쓰겠습니까? 걱정 말고 재미있게 놀다 오세요."

한참 놀다 돌아오면 완벽한 일기가 완성되어 있는 거지. 나는 일기 걱정은 하지 않고 실컷 잠만 자면 돼.

그리고 다음 날 당당하게 일기장을 선생님께 드리는 거야. 일기장을 검사하던 선생님도 깜짝 놀라시겠지?

"이야. 테오가 정말 일기를 잘 썼구나."

그러면서 내 머리를 쓰다듬어 주실 거야. 생각만 해도 기분이 짜릿해.

어라? 그런데 상상 속 선생님의 얼굴이 갑자기 일그러졌어.

"이상하군, 이상해."

"뭐…… 뭐가요?"

"이 일기 네가 쓴 거 아니지?"

으악!

나는 고개를 마구 가로저었어.

이건 내 상상인데, 상상 속에서만큼은 행복해야 하는 거 아니야?

그때 에나가 나를 툭 쳤어.

"왜!"

짜증스런 표정으로 돌아보니까 예나가 눈을 찡긋하잖아.

애가 갑자기 어디가 이상해진 것 아닐까?

영국에서 윙크는 좋아하는 사람끼리 하는 건데 우리나라에선 반대인가 봐.

싫어하는 사람끼리 윙크를 하는 거라면 나도 질 수 없지.

나는 예나한테 눈을 찡긋 찡긋하면서 윙크를 여러 번 해 주었어.

내가 널 얼마나 싫어하는지 봐라!

얼마나 많이 찡긋거렸는지 눈이 다 아팠다니까.

그랬더니 예나가 울상을 짓는 거야.

"선생님! 얘가 저한테 윙크해요!"

"김테오! 딴생각하는 것 같아서 불렀더니 듣지도 못하고. 짝꿍한테 윙크까지 해?"

알고 보니 선생님이 나를 부르는 소리를 못 들으니까 예나가 눈치를 줬던 거라고 하네.

그것도 모르고 나는 예나가 나한테 윙크를 하는 줄 알았던 거야. 부끄러워서 쥐구멍에라도 숨고 싶었어.

정말이지 일기 숙제 때문에 되는 일이 하나도 없어.

그래도 나는 집에 오자마자 일기장부터 꺼냈어. 매도 먼저 맞는 게 낫다고 했으니 일기부터 해치워 버릴 작정이었지.

선생님이 알려 준 대로 일기를 쓰기 시작했어.

우선 날짜와 날씨를 쓰고…….

4월 3일 날씨: 맑음

우르릉 쾅쾅!

그때 맑았던 하늘에서 갑자기 천둥 번개가 치는 거야. 연이어 소나기가 마구 쏟아지기 시작했지.

에휴! 나는 맑음을 지우개로 쓱쓱 지우고 날씨를 고쳐 적었어.

제목은 뭐로 할까? 한참 고민하다 보니 '번쩍' 떠오르는 게 있었어. 아까 수업 시간에 했던 즐거운 상상에 대해 쓰면 어떨까?

상상 속에 램프의 요정이 나왔으니까 제목은 램프의 요정이라 짓는 거야.

4월 3일 날씨: 비 오고 천둥번개 침
제목: 램프의 요정
램프의 요정이 나타났으면 좋겠다고 생각했다.

그 다음은 뭘 쓰지?

어쩐지 상상 속에 선생님이 등장한 이야기는 쓰면 안 될 것 같았어.

옳지! 나는 얄미운 예나 이야기를 쓰기로 했어. 윙크에 대한 선생님의 오해도 풀어 드릴 겸 해서 말이야.

4월 3일 날씨: 비 오고 천둥번개 침
제목: 램프의 요정
램프의 요정이 나타났으면 좋겠다고 생각했다.
사랑하는 사람한테 하는 건 줄 알고
예나한테 wink를 했는데 선생님한테
일러바쳤다. 치사빤스다. 집에 와서
일기를 썼다. 그리고 잠자리에 들었다.

사실 '나는 예나가 정말 싫다.'고도 적고 싶었지만 꾹 참았어. 누군가를 싫어한다고 적으면 안 될 것 같아서 말이야.

다 쓰고 보니 제목까지 여섯 줄이나 되잖아?

나는 뿌듯한 마음으로 일기장을 덮었어. 그리곤 저녁으로 엄마가 해 주는 맛있는 계란말이를 먹고 숙제를 하다가 잠이 들었지.

다음 날, 나는 또 일기 검사를 받았어.

<u>천둥 번개</u>

4월 3일 수요일 날씨비 오고 <u>청둥번개 침</u>

<u>램프</u> 제목을 쓴 것은 잘했지만
제목 : <u>렘프</u>의 요정 왜 제목이 램프의 요정이니?

<u>램프</u> <u>나타났으면</u> <u>좋겠다고</u> <u>생각했다.</u>
<u>렘프</u>의 요정이 <u>나탸낭으면</u> <u>좋겟다고</u> <u>생각했다.</u>

<u>싫어하는</u>
<u>시러하는</u> 사람한테 하는 건 줄 알고

<u>윙크</u> <u>했는데</u>
예나한테 <u>wink</u>를 <u>핸는데</u> 선생님한테

<u>일러바쳤다.</u> <u>치사하다.</u>
<u>일러바쳤다.</u> <u>치사빤스다.</u> 집에 와서

<u>썼다.</u> <u>들었다.</u>
일기를 <u>썻다.</u> 그리고 잠자리에 <u>들었다.</u>

일기를 쓴 다음에 일어난 일은
일기에 쓰지 않는단다.

또 빨간 줄 투성이 일기를 선물 받고 말았어. 나는 울고 싶어졌어.
집에 돌아와서 나는 또 한 시간 동안 일기를 썼지.
하지만 다음 날도,

4월 4일 목요일 날씨 맑음

제목: 빵   *좀 더 흥미로운 제목을 지어 보면 어떨까?*

운동장에서 축구를 했다. 공에 ~~마자서~~ *맞아서*

엉덩이가 아팠는데 금방 ~~낳았다~~ *나았다*

학교를 ~~맞치고~~ *마치고* 슈퍼에 ~~들려서~~ *들러서*

빵을 사 먹었다. 참 맛있었다.

집에 와서는 과자를 먹었다.

글감이 여러 개라 어떤 이야기를 하고 싶었던 건지 잘 모르겠구나.

또 그 다음 날도 나는 빨간 줄 투성이 일기를 받았어.

> 4월 5일 금요일 날씨 흐림
>
> *제목은 어디 있니?*
>
> 오늘은 학교에서 반듯이(**반드시**) 공부를
>
> 열씨미(**열심히**) 하기로 엄마와 약속했는데
>
> 필통을 잊어버려서(**잃어버려서**) 화가 났다.
>
> *필통을 잃어버려서 엄마와 약속을 지키지 못했다는 뜻이니?*
>
> 그래도 수학시간에 선생님이 낸
>
> 문제를 마쳤다(**맞혔다**).
>
> *이때 테오의 기분은 어땠니?*
>
> 집에 와서 떡복이(**떡볶이**)를 먹었다.
>
> 선생님, 오늘은 일기 잘 썼지요
>
> *질문은 끝에 물음표를 붙여 줘야 한단다.*

아, 정말 어쩌면 좋지?

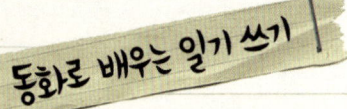
동화로 배우는 일기 쓰기

"일기 대체 왜 쓰는 거야?"
나를 알고 세상을 깨닫는 똑똑한 글짓기

"이렇게 엉망진창 일기는 안 돼!"
선생님의 말씀에 테오는 하늘이 무너지는 기분이었어.
테오는 일기 쓰기가 너무 어렵거든. 숙제라고 생각하니까 더 하기 싫고 일기 쓰는 시간이 지겹기만 해. 게다가 빨간 색연필로 가득 찬 테오의 일기를 보고 비웃는 예나는 너무 얄미워. 테오는 궁금해. 일기, 대체 왜 써야 하는 거야?

일기는 오늘의 나를 만나는 타임머신

아무리 생각해도 일기에 쓸 만한 일이 없었다고? 재미있는 일이 있긴 했지만 일기에 어떻게 써야 하는지 모르겠다고? 일기를 쓰려고 하루 일을 돌아보니 친구와 싸운 일이 생각나 기분만 상했다고? 하지만 일기를 쓰지 않았다면 오늘을 돌아보는 소중한 시간조차 갖지 못했을 거야.

글쓰기의 첫 단계야

귀찮더라도 한 줄, 두 줄 하루를 기록하는 연습을 꾸준히 반복하다 보면 나도 모르게 글쓰기에 대한 두려움이 사라져. 저절로 글쓰기 연습이 되는 거지! 하지만 오로지 하루 일을 반성하거나 글쓰기 연습을 하기 위한 목적으로 일기를 써서는 안 돼. 일기를 쓰다 보면 자연스럽게 이런 장점들을 가질 수 있다는 뜻이니까!

오늘 별일 없었는데 뭘 쓰죠?

테오의 가장 큰 고민은 '일기 쓸 게 없다'는 거래. 그래서 매일 일기장을 펼쳐 놓고 한숨만 푹푹 쉰다나? 일기장을 펼치면 매일 학교 갔다, 학원 갔다, 집에 돌아와 숙제하고 잠자리에 드는 똑같은 일상만 떠올라 무엇을 써야 할지 모르겠어. 하지만 그것만 알아 둬. 일기에 꼭 특별한 일만 쓰는 건 아니라는 사실! 이런 이야기를 써 보는 건 어떨까?

사소해서 재미난 일!

별일 아닌 것처럼 보여도 별일이 될 수 있어. 아침, 점심, 저녁 때 먹은 음식이 무엇인지 떠올려 보면 어떨까? 오늘 수업 시간에 나 홀로 상상한 것을 일기로 써 보면? 평소 다니던 길이 아니라 다른 길로 학교를 갔다면? 그래도 영 이야깃거리가 떠오르지 않는다면 일기 쓸 게 없어 고민한 일을 일기로 쓰면 돼!

그 누구도 상상하지 못한 일!

화장실에서 똥이 안 나와서 끙끙거렸던 일을 일기로 쓰는 사람은 없겠지? 수업 시간 몰래 방귀 뀌기에 성공한 일을 적는 사람도 없을 거야. 숙제를 안 했는데 선생님이 깜빡하고 검사하지 않은 일을 일기로 쓰면 어떨까? 일기 검사를 하는 선생님께 숙제를 하지 않았다고 고백하는 꼴이 될까?

생활 일기가 아닌 다른 형식도 괜찮아!

엄마에게 서운했던 일이 있다면 편지 일기를 써 보자. 감명 깊게 읽은 책의 감상문을 일기로 써도 좋아. 좋아하는 가수를 만나는 상상을 그림일기로 써도 재미있을 거야.

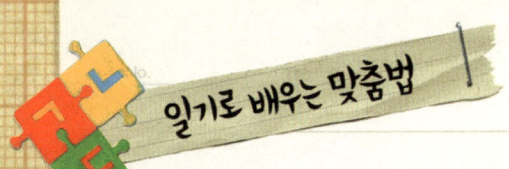

소리 나는 대로 쓰면 안 돼요

　요즘은 친구에게 메일을 보내거나 휴대폰 문자 메시지를 쓸 때 소리 나는 대로 글을 쓰는 일이 흔해. 그래서 맞춤법을 지켜 글을 쓰는 게 더 어렵게 느껴지지. 테오가 '싫어'를 '시러'로, '공에 맞아서'를 '공에 마자서'라고 써서 붉은 소나기 세례를 받았지? 이렇게 소리 나는 대로 쓰다 보면 그 뜻을 정확히 전달하기 어려워. 소리 나는 몇 가지 규칙을 이해하고 따라 쓰다 보면 어렵게만 느껴졌던 글자들도 바르게 읽고 쓸 수 있을 거야.

> 앞글자의 받침이 뒷글자로 넘어가서 소리 나는 낱말이 있어요.
> 예) 있으면→[이쓰면], 책임지고→[채김지고]
>
> 앞글자의 받침 'ㄷ, ㅌ'이 뒷글자의 'ㅣ, ㅑ, ㅕ, ㅛ, ㅠ'와 만나면 'ㄷ, ㅌ'은 'ㅈ, ㅊ'으로 소리 나요.
> 예) 같이→[가치], 등받이→[등바지]

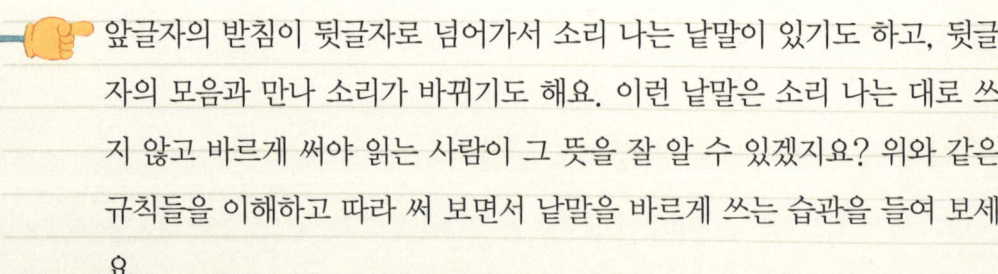 앞글자의 받침이 뒷글자로 넘어가서 소리 나는 낱말이 있기도 하고, 뒷글자의 모음과 만나 소리가 바뀌기도 해요. 이런 낱말은 소리 나는 대로 쓰지 않고 바르게 써야 읽는 사람이 그 뜻을 잘 알 수 있겠지요? 위와 같은 규칙들을 이해하고 따라 써 보면서 낱말을 바르게 쓰는 습관을 들여 보세요.

1. 다음 낱말 중 바로 쓴 표현에 동그라미표를 해 주세요.

   ❶ 공중으로 날면서 오다. (나라오다 / 날아오다)

   ❷ 집을 떠나 가까운 곳에 다녀오는 것. (나들이 / 나드리)

   ❸ 작은 빛이 잠깐 나타났다가 사라지다. (반짜기다 / 반짝이다)

   ❹ 찢기어 갈라지다. (찌저지다 / 찢어지다)

   ❺ 해가 막 솟아오르는 때. (해도지 / 해돋이)

   ❻ 밥에 채소와 고기 등을 잘게 썰어 넣어 볶은 음식. (볶음밥 / 보끔밥)

   ❼ 아무렇게나 굴려도 일어서는 장난감. (오뚜기 / 오뚝이)

   ❽ 다른 짝이 없이 홀로만 있는 사람이나 물건. (외톨이 / 외토리 / 왜톨이)

   ❾ 틈이 있는 곳마다 모조리. 또는 빈틈없이 모조리. (사싸치 / 샅샅이 / 산사치)

   ❿ '색종이를 풀로 ○○○.'에 알맞은 말은? (부치다 / 붙이다 / 붙히다)

2. 다음 문장을 읽고 바르게 따라 써 보세요.

   ❶ 거북이는 토끼가 잠을 자는지 확인했다.

   ❷ 손톱을 예쁘게 깎아라.

   ❸ 부엌에서 열심히 만든 카레를 바닥에 엎었다.

   ❹ 그만 잊어버리고 웃어 봐.

   ❺ 윤호네 집에서 닭이 알을 낳았다.

   ❻ 할아버지는 등받이가 없는 의자에 앉으셨다.

   ❼ 굳이 따라오겠다면 집 앞에서 보자.

   ❽ 쏟아지는 비를 맞았다면 수건으로 닦고 들어와.

❾ <u>문을</u> 열고 <u>바깥으로</u> 나가면 <u>꽃밭이</u> 보인단다.
❿ 내 얘기를 <u>곧이곧대로</u> <u>받아들이지</u> 말게.

> 앞글자의 받침 'ㅎ'이 뒷글자의 'ㄱ, ㄷ, ㅈ'과 만나면 앞글자의 받침은 소리 나지 않고 'ㅎ'과 뒷글자의 첫소리와 합쳐져 거센소리가 나요.
> 예) 낳다→[나타], 까맣다→[까마타]

> 앞글자의 받침 'ㄱ, ㄷ, ㅂ, ㅅ, ㅈ'이 뒷글자의 첫소리 'ㅎ'과 만나면 뒷글자는 거센소리가 나요.
> 예) 축하→[추카], 입학→[이팍]

👉 앞글자의 받침에 따라 뒷글자의 첫소리가 바뀌기도 해요. 특히 'ㅎ'의 성질과 자음이 만나면 거센소리가 나기도 한다는 걸 기억해 두세요.

1. 다음 낱말 중 바로 쓴 표현에 동그라미표를 해 주세요.

❶ 머리카락이나 실 등을 엮어 한가닥으로 만들다. (따다 / 땋다)
❷ 서로 정답고 친하다. (사이조타 / 사이좋다)
❸ '아무러하게'가 줄어든 말. (아무렇게 / 아무러케)
❹ 상태, 모양, 성질 등이 그와 같다. (그렇다 / 그러타)
❺ 형제들 중 제일 큰 형. (맛형 / 맏형 / 맡형)
❻ 마음에 거짓이나 꾸밈이 없이 바르고 곧다. (정지카다 / 정직하다)
❼ 엿기름 우린 물에 쌀밥을 말아 차게 먹는 전통 음료. (식혜 / 시케 / 식해)

❽ '머리가 천장에 ○○.'에 알맞은 말은? (닫다 / 닿다 / 다타)

❾ 마음이 참고 기다릴 수 없을 만큼 조바심을 내다. (그파다 / 급하다)

❿ '이마에 땀방울이 ○○○.'에 알맞은 말은? (맺히다 / 매치다)

2. 다음 문장을 읽고 바르게 따라 써 보세요.

❶ 찌개에 두부는 <u>넣고,</u> 마늘은 <u>넣지</u> 마세요.

❷ 꽉 <u>막힌</u> 뚜껑을 열다가 손에 물집이 <u>잡혔다.</u>

❸ 입 주위에 <u>까맣게</u> 짜장이 묻어도 <u>아무렇지</u> 않다.

❹ <u>노랗던</u> 바나나가 <u>까맣게</u> 변했다.

❺ <u>잘못하다가는</u> 이내 <u>잊혀지고</u> 말겠어.

❻ <u>둥그렇게</u> 앉아서 <u>사이좋게</u> 수건돌리기를 했다.

❼ <u>그렇다고 그렇게 급하게</u> 가야겠니?

❽ 장마가 <u>걷히고</u> 하늘이 <u>파랗게</u> 맑아졌다.

❾ 자전거에 <u>부딪혀 이렇게 커다랗게</u> 피멍이 들었다.

❿ <u>국화꽃이</u> 피었을 뿐인데 향기가 무척 <u>좋다.</u>

앞글자의 받침이 뒷글자의 첫소리 'ㄴ, ㄹ, ㅁ' 등과 만날 때 두 소리가 서로 비슷해져요. 예 국물→[궁물], 달나라→[달라라]

앞글자의 받침이 뒷글자의 첫소리 'ㄱ, ㄷ, ㅂ, ㅅ, ㅈ'과 만날 때 뒷글자 첫소리인 'ㄱ, ㄷ, ㅂ, ㅅ, ㅈ'은 'ㄲ, ㄸ, ㅃ, ㅆ, ㅉ'으로 된소리가 나요.
예 낚시→[낙씨], 밥솥→[밥쏟]

👉 '국물'은 앞글자의 받침 'ㄱ'이 뒷글자 'ㅁ'의 영향을 받아 'ㅇ'으로 소리가 나요. 이렇게 발음을 쉽게 하기 위해 서로 비슷한 소리를 내는 것을 '자음 동화'라고 한답니다. 뒷글자의 첫소리를 된소리로 내는 것은 '된소리되기'라고 하지요. 이렇게 소리의 변화를 유심히 살펴보면 바르게 쓰고 읽는 법을 익힐 수 있어요.

1. 다음 낱말 중 바로 쓴 표현에 동그라미표를 해 주세요.

❶ 여러 형제, 자매 중에서 맨 나중에 난 사람. (망내 / 막내)

❷ 모자라지 않고 여유가 있다. (넉넉하다 / 넝너카다)

❸ 이를 제때에 뽑지 않아 포개어 난 이. (던니 / 덧니)

❹ 중생대 쥐라기와 백악기에 걸쳐 번성했던 거대한 파충류. (공뇽 / 공룡)

❺ 양손으로 줄의 끝을 잡고 그 줄을 뛰어넘는 운동. (줄넘기 / 줄럼기)

❻ 우리나라의 국가. (애국가 / 애국까)

❼ 술래가 숨은 사람을 찾는 놀이. (숨바꼭찔 / 숨바꼭질)

❽ 여럿이 정신이 어지럽도록 시끄럽게 떠들고 지껄이는 소리.
  (왁짜지껄 / 왁자지껄)

❾ 삼국 시대의 삼국 가운데 경주가 수도였던 나라. (신나 / 신라 / 실나)

❿ 설날에 먹는 음식. (떡꾹 / 떡국)

2. 다음 문장을 읽고 바르게 따라 써 보세요.

❶ 버스 <u>정류장</u>이 가까워 <u>편리하다</u>.

❷ 내 <u>속마음</u>을 들켜 <u>곤란해졌다</u>.

❸ <u>부엌문</u> 옆에 <u>난로</u>를 두어 따뜻하다.

❹ 차에 짐을 <u>싣고 있는 신랑.</u>

❺ <u>접시</u>에 담긴 <u>옥수수</u>를 후후 불어 <u>먹었다.</u>

❻ <u>몸집</u>이 큰 <u>눈사람을 만들었다.</u>

❼ 영화를 관람하면서 <u>무심결</u>에 <u>음료수</u>를 다 마셔 <u>버렸다.</u>

❽ <u>학교</u> 수업이 <u>끝나면</u> <u>축구</u>를 하기로 <u>약속했다.</u>

❾ <u>오늘날</u> 우리나라를 대표하는 <u>국가</u> 원수는 <u>대통령</u>이다.

❿ <u>열심히 줄넘기</u>를 하고 <u>뜀박질</u>까지 했더니 땀이 <u>주룩주룩</u> 흘렀다.

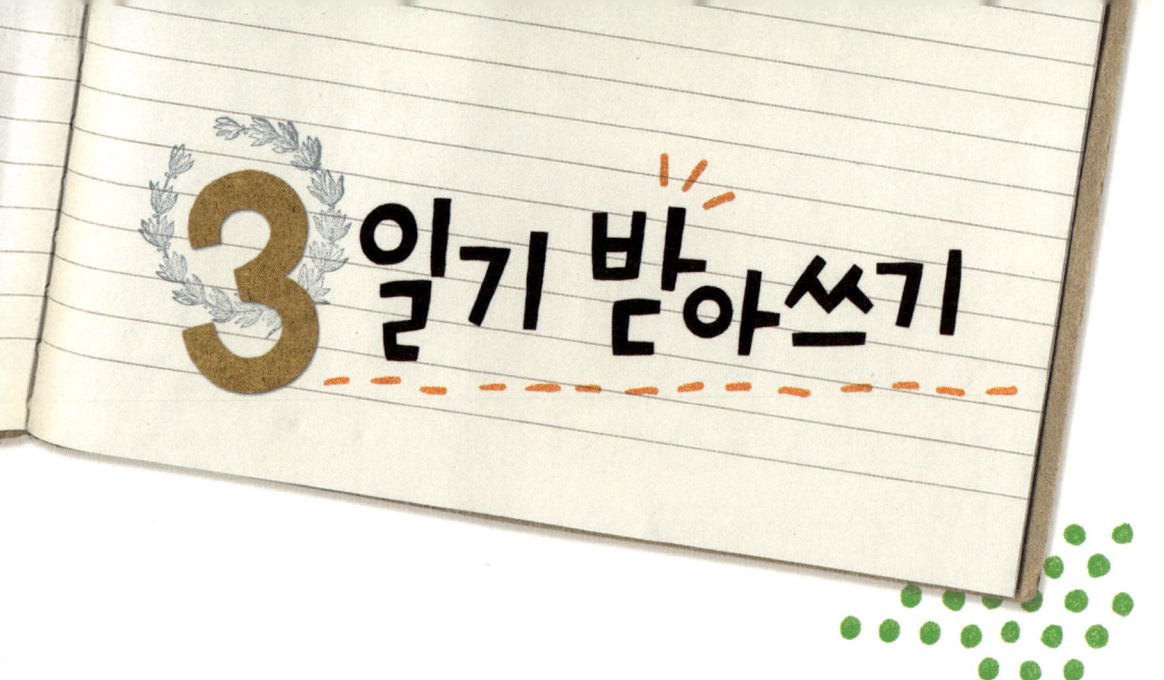

3 일기 받아쓰기

빨간 일기장을 보고 나보다 더 놀란 건 엄마였어!

"이 일을 어째!"

엄마의 얼굴도 일기장처럼 새빨개졌지 뭐야.

"할 수 없다. 이 엄마랑 같이 써 보자."

"정말?"

나는 신이 나서 팔짝팔짝 뛰었어. 엄마와 함께 쓴다면 완벽한 일기를 쓸 수 있을 거야. 하지만 아빠는 말했어.

"일기는 스스로 쓰는 거지, 함께 쓰는 게 아니에요. 아이가 혼자 쓸 수 있도록……. 흠흠."

엄마가 아빠를 향해 눈을 치켜뜨니까 아빠는 신문을 보는 척했어. 아빠는 평소엔 내 말이라면 끔뻑 죽지만, 스스로 할 일은 절대로 도와주지 않거든.

엄마와 나는 일기장을 펼쳐 놓고 나란히 앉았지.

엄마는 막상 하얀 일기장을 보니 말문이 막히는지 머리를 긁적였어.

"엄마도 일기를 써 본 지 하도 오래 돼서 어떻게 쓰는 건지 모르겠네."

"그럼 어떡해!"

"뭘 어떡해? 일기는 오늘 있었던 일 쓰는 거 아냐?"

"응."

"그럼 오늘 우리 테오 뭐했는데?"

"오늘 뭐했냐고?"

난 곰곰이 머리를 굴려봤어.

"아침에 늦게 일어나서……."

"늦게 일어나서?"

"아침밥을 못 먹고 학교에 가는 바람에 배가 엄청 고팠어."

"그러게 이 엄마가 한 숟갈이라도 먹고 가라고 했지!"

"그리고 학교에 가서 준수랑 놀다가……."

"놀다가?"

"수업을 듣고……."

"수업을 듣고?"

"참!"

"참?"

"과학 시간에 떠들었다고 혼났어."

"뭐야?"

아차! 나도 모르게 말해 버리고 말았지 뭐야. 난 잠깐 엄마한테 혼이 났어. 다신 떠들지 않겠다고 약속했지.

"그럼 이제 엄마가 불러 주는 대로 써 봐. 알겠지?"

"응!"

엄마는 받아쓰기 시험을 내는 선생님처럼 일기를 불러 주었어. 나는 냉큼 받아썼지. 몇 번 맞춤법을 틀리긴 했지만 그것도 엄마가 다 고쳐 주었어.

4월 8일 월요일 날씨 맑음

제목: 늦잠

나는 아침에 늦잠을 잤다. 그래서 아침밥을 먹지 못해 몹시 배가 고팠다. 과학 시간에는 떠들었다고 선생님께 혼이 났다. 선생님께 너무 죄송해서 마음속으로 다신 떠들지 않겠다고 다짐했다. 집에 와서 맛있는 돈까스를 먹었는데 엄마의 솜씨가 훌륭해서 맛이 참 좋았다. 우리 엄마 최고!

"'우리 엄마 최고'도 꼭 써야 해?"

나는 머리를 긁적였어.

"테오는 이 엄마가 최고 엄마가 아니라고 생각하니?"

"아냐! 우리 엄마는 최고 엄마야!"

나는 엄마가 불러 주는 대로 얼른 일기에 '우리 엄마 최고'라고 적었어. 아빠가 하하하 웃음을 터뜨렸지.

다음 날, 나는 조마조마한 마음으로 일기를 냈어.

검사 후 선생님이 일기장을 나눠 주시면서 살포시 웃으셨어. 잘 썼다는 뜻일까?

'꿀꺽.'

나는 떨리는 손끝으로 일기장을 펼쳤지.

테오의 일기

4월 8일 월요일 날씨 맑음

제목: 늦잠

나는 아침에 늦잠을 잤다. 그래서 아침밥을 먹지 못해 몹시 배가 고팠다. 과학 시간에는 떠들었다고 선생님께 혼이 났다. 선생님께 너무 죄송해서 마음속으로 다신 떠들지 않겠다고 다짐했다. 집에 와서 맛있는 돈까스를 먹었는데 엄마의 솜씨가 훌륭해서 맛이 참 좋았다. 우리 엄마 최고!

돈가스

잘 썼구나. 하지만 하루 동안 있었던 일들을 모두 적지 말고, 가장 기억에 남는 한 가지 일로 일기를 써 보는 건 어떨까?

'잘 썼구나.'

야호! 뒷말은 눈에 들어오지도 않았어. 내 눈에는 '잘 썼구나'만 보였어.

오늘도 엄마와 같이 일기 쓸 생각을 하니 집으로 향하는 발걸음이 가벼웠지.

그런데 집에 도착하니 엄마는 없고 아빠가 저녁을 차리고 있잖아.

"엄마는 어디 있어?"

"외갓집 가셨단다."

"외갓집? 언제 오는데?"

"아마 오늘은 안 오실걸. 외할아버지가 좀 편찮으시단다. 아마 내일 오실 거야."

"뭐어?"

머릿속에서 천둥 번개가 쾅쾅 내리치는 것 같았어.

"그럼 내 일기는 어떡해!"

"요 녀석! 외할아버지가 편찮으시다는데 일기 타령이야? 그리고 일기는 스스로 써야지."

아빠의 말은 하나도 틀리지 않았어. 하지만 저녁을 먹으려고 해도 입맛이 없었어.

책상 앞에 앉아 일기장을 펼치자 하얀 일기장이 캄캄하게 변했지.

나는 신문을 보고 있는 아빠만 빤히 쳐다봤어.

"아무리 그래도 이 아빠는 일기 쓰는 건 못 도와줘!"

그렇지만 난 당장이라도 눈물이 터져 나올 것 같단 말이야. 내 속도 모르고 아빠는 자꾸 인상을 찌푸렸어.

"너 그렇게 이 아빠 쳐다본다고 떡이 나올 것 같니, 빵이 나올 것 같니?"

"일기!"

"뭐어?"

"일기! 일기이이!"

나는 결국 울음을 터뜨리고 말았지 뭐야. 내가 우니까 아빠는 어쩔 줄 몰라 했어.

"그렇다고 울면 어쩌니. 응?"

"몰라! 몰라앙!"

"에휴. 아빠가 도와줄게. 아빠가 미안해, 응?"

난 그제야 눈물을 뚝 그치고 배시시 웃었어.

"…… 정말이지?"

"요 녀석. 울다가 웃으면 큰일 나!"

아빠와 나는 머리를 맞대고 일기를 쓰기 시작했어.

"오늘 학교에서 영화를 봤다고 했지? 그것을 써. '오늘 학교에서 영화 관람을 했는데 참 재미있었다'라고 말이야."

"영화 괄람?"

"아니! 관! 람! 저녁에는 김치찌개를 먹었는데 참 맛있었다고 써."

4월 9일 화요일 날씨 맑음
제목: 영화관람
학교에서 영화관람을 했는데
참 재미있었다. 집에 와서는 아빠가
끌여 준 김치찌개를 먹었는데

"요 녀석아! '끌여 준'이 아니라 '끓여 준'이잖니."
"끓여 준?"
"그리고 김치찌개가 아니라 김치찌게라고 써야지."
"김치찌게?"
"아닌가? 찌개가 맞나?"
아빠는 머리를 긁적이더니 인터넷 사전을 뒤졌어. 어른이라고 우리말을 모두 아는 건 아닌가 봐!
"이이쿠. 김치찌개가 맞구나."
"아빠, 우리나라 사람 맞아?"
"그러는 너는 우리나라 사람 맞니?"
30분 동안 끙끙거린 끝에 드디어 오늘의 일기가 완성되었어.

아빠는 힘든 일을 마친 사람처럼 소파에 벌러덩 누워 버렸어.

"에고. 힘들다!"

나는 아빠의 어깨를 주물렀지.

"간지럽기만 하다. 이크크."

다음 날 나는 위풍당당하게 일기 검사를 맡았어. 어제도 칭찬을 받았으니까 오늘도 당연히 칭찬받겠지?

그런데 선생님이 고개를 갸우뚱하시는 거야.

"김테오!"

"네?"

"이리 나와 보렴."

칭찬을 아주 크게 하실 모양이야. 나는 당당하게 앞으로 나갔지.

"이 일기 테오 네가 쓴 거 아니지?"

등이 쭈뼛했어. 상상 속 선생님의 모습 그대로였어!

대체 선생님은 어떻게 아셨을까?

"테오야. 일기는 검사 맡기 위해 쓰는 게 아니란다. 선생님에게 혼나기 싫어서 엄마나 아빠의 도움을 받아 일기를 쓴다면, 아예 안 쓰는 것이 낫다."

'그럼 왜 쓰라고 하시는 건데요!'

나는 속으로 외쳤어. 눈물이 핑 돌았지.

"일기를 쓰는 게 몹시 귀찮고 어려운 일처럼 느껴지겠지만 일기를

쓰다 보면 저절로 글쓰기 공부가 된단다. 그리고 하루 동안 있었던 일들을 되돌아보면서 반성을 할 수도 있고 내일 일을 계획할 수도 있어. 그러니 테오 네가 스스로 써야만 해."

"네……."

나는 기운 없이 고개를 끄덕였어.

집에 가니까 엄마는 주름이 열 개는 더 늘어난 것처럼 쪼글쪼글한 얼굴로 앉아 있어.

이미 예나네 엄마와 통화를 하신 모양이야.

"……선생님이 다 아셨다면서?"

"응."

"그럼 이제 어쩌니."

그때 갑자기 배가 아파왔어. 아무리 화장실에 앉아 끙끙거려도 똥은 안 나오고 배는 돌덩이처럼 딴딴해졌지.

"어머, 애가 왜 이러지?"

엄마는 '엄마 손은 약손'이라는 노래를 부르며 내 배를 열심히 문질러 주었어.

하지만 배가 아무리 아파도 내 머릿속은 일기 생각뿐이었어.

"나 일기 써야 하는데……."

"지금 일기가 문제니!"

"일기 써야 하……."

어느새 스르르 잠이 왔어. 귓가에서 엄마와 아빠가 도란도란 이야기 나누는 소리가 들려왔지.

"어떡해요. 테오가 스트레스 때문에 변비에 걸렸나 봐요."

"휴. 정말 걱정이로군."

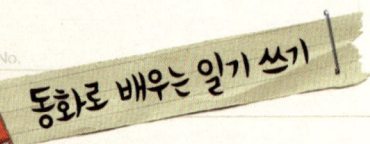

일기에는 꼭 갖추어야 할 것들이 있어

테오는 일기에 날짜와 날씨, 제목을 적지 않았어. 그게 뭐가 그렇게 중요하냐고? 편지에 받는 이의 주소, 받는 이의 이름, 우편 번호를 반드시 적어야 편지가 배달되는 것처럼 일기에도 날짜와 날씨, 제목을 적어야 나중에 언제 쓴 일기인지 기억할 수 있거든.

일기는 이렇게 쓰는 게 좋아

맨 앞에 순서대로 날짜와 요일을 적어요. →

처음 부분에는 오늘 있었던 사건을 써요. →

6월 5일 일요일   날씨 : 흐렸다가 갬

제목 : 맛있는 오므라이스

나는 오므라이스를 좋아하는데 엄마는 그냥 볶음밥을 해 줬다.
오므라이스와 볶음밥의 차이점은 오므라이스는 계란프라이를 덮고 케첩을 뿌린다는 거고 볶음밥은 그냥 밥을 볶기만 한다는 거다.
엄마는 "케첩은 몸에 안 좋아."라고 한다.
왜 몸에 안 좋은 건 다 맛있을까?
나는 케첩이 맛있는데 케첩을 먹지 못해서 슬펐다.

← 내용을 쓰기 전에 그 위에 제목을 적어요. 우선 내용을 쓴 다음, 그에 어울리는 제목을 붙여도 괜찮아요.

← 마지막에는 느낀 점을 써요.

일기 쓰기의 첫걸음은 "날짜와 날씨 쓰기"

날짜와 요일은 정확하게, 날씨는 자세하게 적어야 해.

10월 1일 화요일	날씨 : 햇빛이 쨍쨍하고 시원한 가을바람이 불었던 날

빈칸에 오늘의 날짜와 요일, 날씨를 적어 볼까?

월 일 요일	날씨 :

뚝딱뚝딱 제목을 짓고, 생생한 느낌을 담아 이야기해

일기 내용에 어울리는 제목을 짓고, 느낀 점을 덧붙여 보자.

10월 1일 화요일	날씨 : 햇빛이 쨍쨍하고 시원한 가을바람이 불었던 날
제목 :	← 제목을 지어 보아요.

오늘 선생님이 말씀하셨다.
"이 일기 네가 쓴 거 아니지?"
선생님은 족집게 귀신이다. 어떻게 아셨을까? 창피하고 부끄러웠다.
엄마와 아빠가 일기를 불러 줄 때는 편하고 좋았지만 이제는 내가
잘못됐다는 생각이 든다. 왜냐하면 일기는 스스로 쓰는 것이기
때문이다. (　　　　　　　　　　　　　　　　　　　　)

↖ 앞으로의 각오나 느낀 점을 적어 보아요.

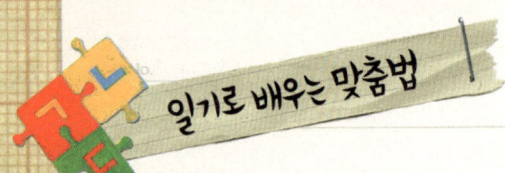

받침이 두 개일 때 주의해야 해요

[찌개를 끄리다]라고 읽으면서 왜 쓸 때에는 '끓이다'라고 써야 할까? 외우기도 힘들고 읽기에도 불편한데 말이야. 서로 다른 두 개의 자음으로 이루어진 받침을 '겹받침'이라고 해. 아주 오래전부터 있어 온 말의 본래 뜻을 밝히기 위해 겹받침을 쓰는 글자들이 있어. 어렵게 생각하지 말고 눈으로 자주 익히고 소리를 내어 읽다 보면 머릿속에 쏙쏙 들어올 거야.

ㄱㅅ	앞의 받침 'ㄱ'으로 소리를 내요.	예 삯→[삭]
ㄴㅈ	앞의 받침 'ㄴ'으로 소리를 내요.	예 앉다→[안따]
ㄹㅐ, ㄹㅅ, ㄹㅌ	앞의 받침 'ㄹ'으로 소리를 내요.	예 여덟→[여덜], 핥다→[할따]
ㅂㅅ	앞의 받침 'ㅂ'으로 소리를 내요.	예 힘없이→[히멉씨]

 위의 겹받침은 앞의 받침으로 소리를 내요. 단, 'ㄹㅐ' 받침은 예외의 경우가 있으니 꼭 알아두세요. '밟다'는 [밥따]로, '넓죽하다'는 [넙쭈카다]로 읽어야 한답니다.

1. 다음 낱말 중 바로 쓴 표현에 동그라미표를 해 주세요.

   ❶ 두께가 두껍지 아니하다. (얇다 / 얍다)

   ❷ '길다'의 반대말. (짭다 / 짧다)

❸ 어떤 대상을 디디거나 디디면서 걷다. (밟다 / 밥다)

❹ 여럿으로 나누어 가지는 각 부분. (몫 / 목)

❺ 위에 올려놓다. (얹다 / 언다)

❻ 단 한 곳으로만 트인 길. (외골 / 외곬)

❼ '수박 겉 ㅇㅇ.'에 알맞은 말은? (핥기 / 할기)

❽ 사고파는 물건에 일정하게 매겨진 액수. (갑 / 값 / 갚)

❾ 설익은 감의 맛처럼 거세고 텁텁한 맛이 있다. (떱다 / 떨다 / 떫다)

❿ 불만을 길게 늘어놓으며 하소연하는 말. (넋두리 / 넉두리 / 넉뚜리)

2. 다음 문장을 읽고 바르게 따라 써 보세요.

❶ <u>넋</u>이라도 있고 없고.

❷ 박영감은 고지식해서 <u>외곬</u>만 고집한다.

❸ 이 <u>앉은뱅이</u> 책상은 <u>값이</u> 싸다.

❹ 감이 너무 <u>떫어서</u> 맛이 <u>없다.</u>

❺ 고양이가 <u>힘없이</u> 우유를 <u>핥아</u> 먹었다.

❻ 네 <u>몫</u>으로 <u>여덟</u> 개의 금화를 주마.

❼ <u>넓죽한</u> 얼굴에 <u>짧은</u> 콧잔등과 작은 눈이 참 <u>가엾게도</u> 생겼다.

❽ 반죽을 최대한 <u>넓고 얇게</u> 밀어 주세요.

❾ 작년에 <u>넓힌</u> 도로가 <u>힘없이 내려앉았다.</u>

❿ 눈으로 대충 <u>훑어보아도 값어치</u>를 가늠할 수 있다.

ㄺ	끝나거나, 뒤에 자음이 오면 뒤의 받침 'ㄱ'으로 소리를 내요. 예 읽다→[익따]
ㄻ	끝나거나, 뒤에 자음이 오면 뒤의 받침 'ㅁ'으로 소리를 내요. 예 삶→[삼]
ㄿ	끝나거나, 뒤에 자음이 오면 뒤의 받침 'ㅍ'을 'ㅂ'으로 소리 내요. 예 읊다→[읍따]
ㄺ, ㄻ, ㄿ	뒤에 모음이 오면 앞의 받침 'ㄹ'로 소리를 내요. 예 읽은→[일근], 읊은→[을픈]

👉 겹받침은 뒷글자에 따라 소리가 달라지기도 해요. 특히, 'ㄺ'은 뒷글자가 'ㄱ'으로 시작하면 [말께], [물꼬]와 같이 앞의 받침으로 소리를 내야 한다는 걸 기억하세요.

1. 다음 낱말 중 바로 쓴 표현에 동그라미표를 해 주세요.

❶ 질척질척하게 짓이겨진 흙. (진흙 / 진흑)

❷ '어둡다'의 반대말. (박다 / 밝다)

❸ '형에게 감기가 ○○.'에 알맞은 말은? (옴다 / 옮다)

❹ '시를 ○○.'에 알맞은 말은? (읖다 / 읊다 / 을다)

❺ 닭의 수컷. (수탁 / 수탉)

❻ 물에 넣고 끓이다. (삼다 / 삶다)

❼ 흙이 한데 모이거나 흙을 한데 모아 쌓은 더미. (흙더미 / 흑더미 / 흘덤이)

❽ 손톱이나 뾰족한 기구 따위로 바닥이나 거죽을 문지르다.
(극다 / 긁다 / 글따)

❾ 산의 비탈이 끝나는 아랫부분. (산기슬 / 산기슥 / 산기슭)

❿ 아는 일. '알다'의 명사형. (앎 / 암)

2. 다음 문장을 읽고 바르게 따라 써 보세요.

❶ 발가락이 <u>닮았네.</u>

❷ 옛것을 익히고 그것을 통하여 새것을 <u>앎.</u>

❸ 할아버지는 신문을 <u>읽다가</u> 등을 <u>긁으셨다.</u>

❹ 며칠을 내리 <u>굶었더니</u> 한 걸음도 <u>옮길</u> 수가 없다.

❺ 팥 <u>삶은</u> 국물이 좀 묽다.

❻ <u>젊은</u> 남자의 팔뚝에서 <u>굵은</u> 힘줄이 펄떡거렸다.

❼ 해가 질 때 하늘이 <u>붉게</u> 변하는 <u>까닭</u>이 뭘까?

❽ 공기 <u>맑은</u> <u>산기슭</u>에서 시를 <u>읊어</u> 보았다.

❾ <u>굶주린</u> 호랑이는 <u>칡뿌리</u>라도 먹으려고 땅을 팠다.

❿ <u>낡은</u> <u>닭장</u>을 밖으로 <u>옮기기로</u> 했다.

ㄶ/ㅀ	뒤에 모음이 오면 'ㅎ'은 소리 내지 않고 앞의 받침 'ㄴ, ㄹ'로 소리를 내요. 예 않아→[아나]
	뒤에 'ㄱ, ㄷ, ㅈ'이 오면 뒤의 받침 'ㅎ'과 만나 거센소리인 'ㅋ, ㅌ, ㅊ'으로 소리를 내요. 예 닿다→[달타]
ㄲ/ㅆ	같은 자음이 겹쳐서 된 된소리 받침이에요.

👉 겹받침 'ㄶ, ㅀ' 뒤에 'ㄱ, ㄷ, ㅈ'이 오면 뒷글자가 'ㅎ'의 영향을 받아 거센소리를 내요. 된소리 받침은 소리 나는 대로 쓰지 않아요. 단어를 눈으로도 읽고, 입으로도 읽으며 익혀 두면 바르게 읽고 쓸 수 있을 거예요.

1. 다음 낱말 중 바로 쓴 표현에 동그라미표를 해 주세요.

❶ 병에 걸려 고통을 겪다. (앓다 / 알타)

❷ 마음에 들지 않다. (실타 / 싫다)

❸ 실, 줄, 끈 따위의 이어진 것을 잘라 따로 떨어지게 하다. (끈타 / 끊다)

❹ '무릎을 ○○.'에 알맞은 말은? (꿇다 / 꿀타)

❺ 마음에 들지 않고 괴롭거나 성가시다. (귀찬타 / 귀찮다)

❻ '연필을 ○○.'에 알맞은 말은? (깍다 / 깎다)

❼ 물고기를 잡는 데 쓰는 도구. (낙시 / 낚시 / 낙씨)

❽ 어렵거나 경험될 만한 일을 당하여 치르다. (겪다 / 격다 / 격따)

❾ '깨를 ○○.'에 알맞은 말은? (복다 / 복따 / 볶다)

❿ 남을 단단히 윽박질러서 혼을 내다. (닥달하다 / 닦달하다 / 달달하다)

2. 다음 문장을 읽고 바르게 따라 써 보세요.

❶ 너는 노래를 잘 <u>부르잖아</u>.

❷ <u>많이</u> 먹었으니 <u>됐어</u>.

❸ <u>귀찮아서</u> 안 한다고 <u>했잖아</u>.

❹ 옛날에는 아궁이에 쇠죽을 <u>많이</u> <u>끓였다</u>.

❺ 너무 꽉 <u>묶었는지</u> 머리끈이 <u>끊어졌다</u>.

❻ 연필이 금방 <u>닳아서</u> 또 <u>깎아야</u> 한다.

❼ 왜 이렇게 <u>왔다 갔다</u> 하니?

❽ 손을 깨끗이 <u>씻었는데도</u> 눈병이 <u>옮았다.</u>

❾ 무릎을 <u>꿇고</u> 앉아 마룻바닥을 박박 <u>닦았다.</u>

❿ 잔디가 <u>많으니</u> <u>밖에서</u> 자도 <u>괜찮겠다.</u>

우리 남편은 김치찌개를 잘 끓여요.

'끌여요'가 아니라 '끓여요'예요, 에오 엄마!

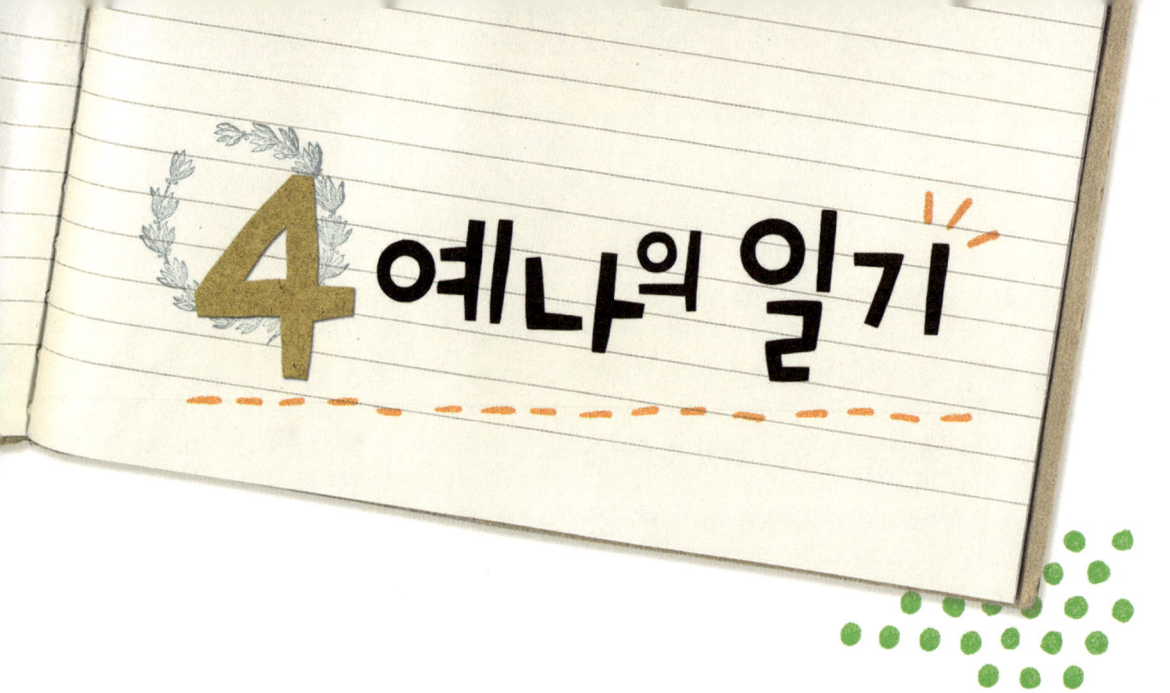

4 예나의 일기

선생님은 엄마와 통화를 했는지 일기를 안 쓴 것에 대해 혼을 내지는 않으셨어.

하지만 배는 완전히 낫질 않고 틈만 나면 콕콕 쑤셨어. 아침에 엄마가 준 약을 먹었더니 방귀도 쉴 새 없이 뿡뿡 나왔어.

체육 시간에 달리기를 하는데 똥이 금방이라도 나올 것처럼 배가 아팠어. 도저히 참을 수가 없었지. 나는 선생님한테 다가가 귓속말로 속삭였어.

"선생님! 저 배 아파요."

"그래? 그럼 얼른 화장실에 다녀오렴."

내가 얼른 교실을 향해서

달리니까 뒤에서 애들이 소리쳤어.

"선생님! 김테오 도망쳐요!"

"쟤는 달리기 안 하고 어디 가요?"

"아니란다. 선생님이 심부름 시킨 거야. 자 모두들 집중!"

걸음아 날 살려라!

허겁지겁 달려가 바지를 내리고 변기에 엉덩이를 대자마자 똥이 뿌지직 뿌지직 쏟아졌어.

뿌지직 뽕뽕 뿌지직 뿌우웅.

어휴, 시원해!

다시 운동장으로 나가려고 우리 반 교실을 지날 때야.

검사를 마친 일기장들이 교탁 위에 쌓여 있는 것이 보였어. 특히 맨 위에 놓인 예나의 분홍색 일기장이 눈에 띄었지.

순간 못된 마음이 들었어.

"예나도 맨날 나의 약점을 잡아서 놀리는데 나라고 못할 게 뭐야!"

일기장에 비밀을 쓰기도 하잖아. 일기를 훔쳐보면 예나의 약점을 알 수 있을지 몰라!

나는 슬그머니 교실로 들어왔어.

가슴이 쿵덕쿵덕 뛰었지. 예나의 일기를 슬쩍 펼치는데,

띵동띵동

깜짝이야! 수업 종이 울린 거야. 나는 나도 모르게 예나의 일기장을 등 뒤로 숨겼어. 동시에 문이 열리고 예나가 뛰어 들어왔지.

다행히 예나는 내가 일기장을 숨기는 것을 못 봤나 봐. 나는 얼른 내 가방에 일기장을 넣었어. 그리고 가슴을 쓸어내렸지.

수업이 모두 끝났어. 선생님은 교탁 위에 놓인 일기장을 보며 차례로 우리를 부르셨어.

"일기장을 나눠 줄게요. 김민아!"

"네!"

"김호동!"

"넷!"

"김테오!"

"……네!"

선생님이 한 명 한 명 이름을 부를 때마다 나는 숨이 멎는 것 같았어. 누군가 내 가방을 열고 '왜 예나의 일기장이 여기 들어 있어?'라고 소리칠 것 같았거든. 얼굴이 뜨끈해지면서 이마에 땀이 송송 배어 나왔어.

"선생님! 제 일기장은요?"

선생님이 모든 일기장을 나눠 줬는데도 일기장을 받지 못한 예나가 손을 들고 물었어.

"어? 그러고 보니 예나의 일기장이 없구나. 오늘 일기를 안 낸 건 아니니?"

"아니에요! 냈단 말이에요!"

예나가 금방이라도 울음을 터트릴 것 같은 표정으로 말했어.

"그러고 보니 아까 예나의 일기를 검사한 기억이 나는데……. 그게 대체 어디로 갔을까? 발이 달린 것도 아닐 테구."

선생님은 책상 주변을 샅샅이 살피기 시작했어.

"하는 수 없구나. 예나는 내일 다른 공책에 일기를 써 오렴. 선생님이 다시 한 번 찾아볼 테니까."

휴. 다행이야. 내 가방에 예나의 일기장이 들어 있다는 사실을 들키지 않았어.

그래도 나는 하루 종일 책가방 곁을 떠나지 않았어.

전전긍긍 수업이 끝나기만 기다렸지.

집에 와서 나는 예나의 일기를 슬그머니 펼쳐 보았어.

어라?

그런데 이상해. 예나의 일기장은 빨간 색연필로 가득한 내 일기장과는 달리 온통 '잘 썼어요.'뿐이잖아?

예나는 어떻게 일기를 쓰기에 칭찬만 받는 거지?

나는 예나의 첫 번째 일기를 펼쳐서 읽기 시작했어.

예나의 일기

4월 11일 목요일 날씨 맑음

제목: 엄마의 잔소리

우리 엄마는 잔소리가 너무 많다.
매일 숙제해라, 밥 먹어라, 씻어라, 공부해라
잔소리만 한다. 나는 잔소리가 싫다.
나도 혼자서 잘 할 수 있는데…….
난 아빠가 참 좋다. 왜냐하면 아빠는 잔소리를
안 하고 언제나 내 편을 들어주기 때문이다.
아까는 숙제를 하려고 했는데
엄마가 '숙제해라' 잔소리를 했다.
그러니까 아빠가 "예나는 엄마가 하라고
하기 전에 알아서 숙제하려고 했지? 참 착하다."
하면서 내 편을 들어줬다.
아빠가 최고다.

예나는 또박또박 글씨도 잘 쓰고
글도 참 재미있게 쓰는구나. 잘 썼어요.

"에이, 이게 뭐야!"

예나의 일기는 평범했어.

비밀이나 약점도 찾을 수 없었어.

하긴 선생님한테 검사를 받는 일기에 부끄럽거나 창피한 일을 쓸 리가 없잖아?

놀릴 거리를 찾지 못해 김이 팍 새 버린 나는 침대에 벌러덩 누웠어.

내일 예나의 일기장을 돌려 줄 일이 걱정이었지.

그때 방문이 벌컥 열렸어.

"테오 뭐하니? 숙제 다 했어?"

"으응."

난 얼른 예나의 일기를 내 일기장 밑으로 숨겼어.

"세수는 했고?"

"응."

"일기는? 일기는 다 썼어?"

"이제 쓸 거야."

"얼른 써! 검사할 거야."

그때 거실에서 아빠 목소리가 들려왔어.

"우리 테오가 혼자 얼마나 잘 하는지 당신 몰라? 잔소리 그만하고 이리로 오라구."

　엄마가 방문을 닫고 나가자 난 '휴' 하고 한숨을 내쉬었어. 하마터면 들킬 뻔했잖아.
　다시 예나의 일기를 보니까 슬그머니 웃음이 났어. 우리 엄마처럼 예나네 엄마도 잔소리쟁이인가 봐!
　나는 일기장을 펴고 오늘의 일기를 쓰기 시작했어.

테오의 일기

4월 11일 목요일 날씨 맑음

제목: 엄마는 잔소리쟁이

우리 엄마는 잔소리쟁이다. 맨날 숙제 했니? 세수는 했니? 일기는 다 썼니? 잔소리를 한다. 나는 잔소리가 싫다. 나도 혼자서 잘할수 있는데…… 난 아빠가 참좋다. 왜냐 하면 아빠는 잔소리를 안 하고 언제나 내 편을 들어주기 때문이다. 방금도 일기를 쓰려고 하는데 엄마가 '일기써라' 하고 잔소리를 했다. 그러니까 아빠가 "우리 테오가 혼자 얼마나 잘 하는지 몰라?" 하면서 내 편을 들어줬다. 우리 아빠는 진짜 짱이다!

예나의 일기 덕분일까? 일기가 술술 써졌어.

게다가 내가 읽어 봐도 꽤 잘 썼잖아?

오늘 밤은 두 다리 뻗고 푹 잘 수 있을 것 같아.

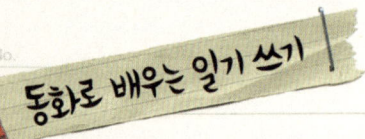

일기를 좀 더 재미있게 쓰고 싶어!

예나의 일기를 몰래 본 테오는 깜짝 놀랐어. 같은 날 일어난 사건을 가지고 예나는 테오보다 훨씬 재미있게 일기를 썼거든. 테오는 '어떻게 하면 예나처럼 재미있는 일기를 쓸 수 있을까?' 궁금해졌어.

평범한 날씨도 특별하게!

언제까지 날씨를 따분하게 표현할 거야? 오늘의 날씨를 특별하고 생생하게 표현해 보자!

평범한 표현	특별한 표현
맑음	• 며칠 만에 해님이 짠하고 나타난 날 • 땀이 주룩주룩 나고 숨이 턱턱 막히도록 뜨거웠던 날
비옴	• 가랑가랑 가랑비를 요리조리 피한 날 • 비가 오나 안 오나 헷갈린 날
흐림	• 안개가 뿌옇게 껴서 꼭 동화 속 세상에 온 것 같았던 날 • 낮인데도 캄캄해서 꼭 비가 올 것 같았던 날
눈옴	• 첫눈이 스티로폼처럼 날린 날 • 발이 푹푹 잠기도록 함박눈이 와서 코끝이 빨개지도록 눈사람을 만든 날

단답형은 싫어! 나만의 제목을 붙여 볼까?

평범한 표현	특별한 표현
숙제	숙제하기 싫은 날
친구	친구와 싸운 날
방학	방학을 했다! / 신 나는 여름 방학
늦잠	아이고, 늦잠을 자 버렸다.

하루 일과는 너무 뻔하다고? 그 속에서 재미를 찾을 수 있어

평범한 표현	특별한 표현
밥을 먹었다.	아침밥이 콩밥이었다. 동생은 콩을 싫어하지만 나는 콩을 씩씩하게 잘 먹는다.
그림을 그렸다.	바닷속 세상을 그렸다. 빨간 물고기, 파란 물고기를 그리고 용왕님이 살고 있는 용궁도 그렸다.
게임을 했다.	나는 게임을 정말 잘한다. 나는 게임하는 시간이 즐거운데 엄마는 하지 말라고 언제나 잔소리를 한다.

어제도 오늘도 정말로 똑같니? 너만의 기분을 표현해 보면 어떨까?

평범한 표현	특별한 표현
참 재미있었다.	책을 읽었는데 무척 재미있어서 시간 가는 줄 몰랐다.
참 슬펐다.	슬퍼서 나도 모르게 눈물이 뚝뚝 떨어졌다.
다시는 그러지 않겠다고 결심했다.	잘못을 했다는 생각에 부끄러워 얼굴이 뜨끈뜨끈해졌다. 다시 그런 일이 생기지 않도록 노력해야겠다.

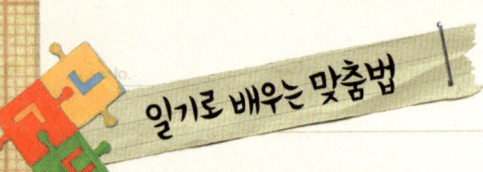

이걸까? 저걸까? 헷갈리기 쉬운 표현

　테오의 어머니가 '잔소리장이'라고? 잔소리 기술이 얼마나 뛰어나면 '잔소리장이'라고 표현했을까! 테오 어머니가 알면 섭섭하시겠는걸. '-장이'는 기술자를 표현할 때 쓰고, '-쟁이'는 성격이 그러한 사람을 표현하지. 그러니 '잔소리쟁이'가 바른 표현이야. 이렇게 우리말에는 모양과 소리가 비슷해서 헷갈리는 낱말들이 있으니 쓰임을 잘 기억해야 해.

장이	'그것과 관련된 기술을 가진 사람'의 뜻.
쟁이	'그것이 나타내는 속성을 많이 가진 사람'의 뜻.

가리키다	손가락 따위로 어떤 방향이나 대상을 집어서 알리다.
가르치다	지식이나 기능 따위를 알도록 하다.

낮다	높이가 기준이 되는 대상이나 보통 정도에 미치지 못하다.
낫다	❶ 병이나 상처 따위가 고쳐지다. ❷ 보다 더 좋거나 앞서 있다.
낳다	아이 또는 새끼를 몸 밖으로 내놓다.

~던지	❶ 뒤의 사실이나 판단에 대한 까닭을 나타내는 연결 어미. ❷ 지난 일을 돌이켜 생각하며 나타내는 연결 어미.
~든지	둘 이상의 일이나 상태를 나열할 때 쓰는 연결 어미.

| 다르다 | 비교가 되는 두 대상이 서로 같지 아니하다. |
| 틀리다 | 사실 따위가 그르거나 어긋나다. |

| 안 / 않 | '안'은 '아니'의 준말. '않'은 '아니하-'의 준말. |

1. 다음 낱말 중 바로 쓴 표현에 동그라미표를 해 주세요.

   ❶ 앞집 꼬마는 개구장이이다. / 앞집 꼬마는 개구쟁이이다.

   ❷ 그 옹기장이는 솜씨가 무척 좋다. / 그 옹기쟁이는 솜씨가 무척 좋다.

   ❸ 손가락으로 북쪽을 가리켰다. / 손가락으로 북쪽을 가르쳤다.

   ❹ 운전은 언제 가르쳐 줄래? / 운전은 언제 가르켜 줄래?

   ❺ 이모가 아기를 낫어. / 이모가 아기를 낳았어.

   ❻ 이 구두는 굽이 낮다. / 이 구두는 굽이 낫다.

   ❼ 강원도는 얼마나 춥던지! / 강원도는 얼마나 춥든지!

   ❽ 네 얘기는 앞뒤가 달라. / 네 얘기는 앞뒤가 틀려.

   ❾ 몰라보게 달라졌네? / 몰라보게 틀려졌네?

   ❿ 먹고 싶지 안아요. / 먹고 싶지 않아요.

2. 다음 문장을 읽고 바르게 따라 써 보세요.

   ❶ 우리 반에서 내가 제일 멋쟁이야!

   ❷ 네가 가리킨 그 색깔이 제일 낫네.

   ❸ 안 본지 꽤 오래됐어.

❹ <u>아들이든 딸이든</u> 건강하게만 <u>낳아야지.</u>

❺ 그는 <u>낮은</u> 신분인 <u>대장장이</u>의 딸과 사랑에 빠졌다.

❻ 시대가 <u>달라졌으니</u> 그런 생각은 고집하지 <u>않겠어.</u>

❼ 얼마나 <u>놀랐던지</u> 식은땀이 다 나더라.

❽ 네가 <u>가르쳐</u> 준 방법은 <u>틀렸어.</u>

❾ 병이 빨리 <u>낫도록</u> 푹 <u>쉬든지</u>, 잘 <u>먹든지</u> 해라.

❿ <u>가르쳐</u> 준 걸 하나도 <u>안 틀리고</u> 줄줄 외우는 걸 보면 역시 남들과 <u>달라.</u>

~(으)로서	지위나 신분 또는 자격을 나타내는 조사.
~(으)로써	어떤 물건의 재료나 원료, 어떤 일의 수단이나 도구를 나타내는 조사.

묻다	❶ 가루, 풀, 물 따위가 다른 물체에 들러붙거나 흔적이 남게 되다. ❷ 무엇을 밝히거나 알아내기 위하여 상대편의 대답이나 설명을 요구하는 내용으로 말하다. ❸ 물건을 흙이나 다른 물건 속에 넣어 보이지 않게 쌓아 덮다.
뭍다	이런 말은 없음.

들르다	지나는 길에 잠깐 머무르다.
들리다	귀로 소리를 느끼다.

잃다	가졌던 물건이 없어져 갖지 않게 되다.
잊다	기억하지 못하거나 생각해 내지 못하다.

벌이다	일을 계획하여 시작하거나 펼쳐 놓다.
벌리다	둘 사이를 넓히거나 열리게 하다.

되 / 돼	'돼'는 '되어'의 준말임.

1. **다음 낱말 중 바로 쓴 표현에 동그라미표를 해 주세요.**

   ❶ 얼굴을 깊이 파뭍고 울었다. / 얼굴을 깊이 파묻고 울었다.

   ❷ 친구로서 부족함이 없다. / 친구로써 부족함이 없다.

   ❸ 가는 길에 잠깐 들를래? / 가는 길에 잠깐 들릴래?

   ❹ 할머니 생일을 잃었다. / 할머니 생일을 잊었다.

   ❺ 가방 입구 좀 벌려 봐. / 가방 입구 좀 벌여 봐.

   ❻ 물감이 옷에 묻었이. / 물감이 옷에 묻었어.

   ❼ 내가 네게 물잖아. / 내가 네게 묻잖아.

   ❽ 쌀로써 떡을 만든다. / 쌀로서 떡을 만든다.

   ❾ 소리가 들르면 손을 드세요. / 소리가 들리면 손을 드세요.

❿ 공부가 안 되서 잠깐 쉬려고. / 공부가 안 돼서 잠깐 쉬려고.

2. 다음 문장을 읽고 바르게 따라 써 보세요.

❶ 이 책은 <u>번역본으로서</u> 2001년에 출간되었다.

❷ <u>콩으로써</u> 메주를 쑨다는 걸 <u>잊지</u> 말거라.

❸ 비밀은 가슴에 <u>묻기로</u> 했다.

❹ 이불 속에 <u>묻어</u> 놓은 걸 깜빡하고 <u>잃어버렸다고</u> 생각했다.

❺ 집에 오는 길에 잠깐 윤후네 <u>들러도 돼요?</u>

❻ 꽹과리 소리가 <u>들리더니</u> 이곳에 춤판이 <u>벌어졌다.</u>

❼ 내가 <u>물어본</u> 걸 그새 <u>잊었단</u> 말이야?

❽ 수업 시간에 입을 <u>벌리고</u> 하품을 하면 <u>안 되지.</u>

❾ 지하철에서는 다리를 <u>벌리고</u> 앉으면 <u>안 돼.</u>

❿ <u>대화로써</u> 갈등을 풀면 <u>되지.</u>

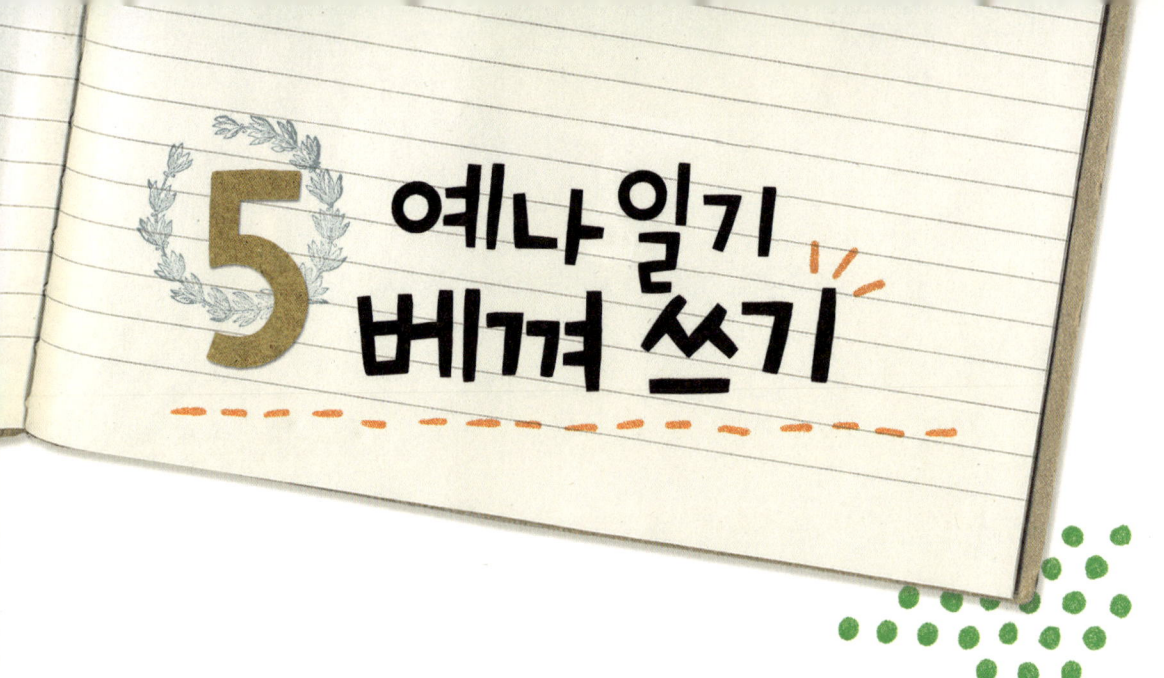

5 예나 일기 베껴 쓰기

"테오 오늘은 일기를 아주 잘 썼구나."

선생님이 일기를 건네주면서 말씀하셨어.

"정말이요?"

"정말이고말고. 맞춤법이 몇 군데 틀리긴 했지만 그래도 참 잘 썼어. 어때? 이제 혼자서도 잘 쓸 수 있지?"

"그럼요."

나는 당당하게 대답했어.

물론 예나의 일기가 생각나긴 했어.

하지만 예나가 불러 준 대로 쓴 것도 아닌데 뭘. 잠깐 펼쳐본 것뿐이잖아.

선생님이 어떤 칭찬을 하셨을까?

궁금해서 나는 얼른 일기장을 펴 보았어.

4월 11일 목요일 날씨 맑음
제목: 엄마는 잔소리장이쟁이

　　　　　　　쟁이
우리 엄마는 잔소리장이다. 맨날 숙제 했니? 세수는 했니? 일기는 다 썼니? 잔소리를 한다. 나는 잔소리가 싫다. 나도 혼자서 잘할 수 있는데…… 난 아빠가 참좋다. 왜냐하면 아빠는 잔소리를 안하고 언제나 내편을 들어주기 때문이다. 방금도 일기를 쓰려고 하는데 엄마가 '일기 써라' 하고 잔소리를 했다. 그러니까 아빠가 "우리 테오가 혼자 얼마나 잘 하는지 몰라?" 하면서 내 편을 들어줬다. 우리 아빠는 진짜 짱이다!

　　　　멋진 아빠가 있어서 테오는 참 좋겠구나.
　　　　그런데 엄마는 다 너를 위해서 하시는 말씀이란다.
　　　　잔소리가 아니라 사랑의 말이야.
　　　　테오 일기 쓰는 실력이 점점 느는구나^.^

야호!

발끝부터 몸이 가벼워지더니 두둥실 하늘로 날아오를 것 같았어.

"어디 한번 보자!"

예나가 내 일기장을 낚아채려고 해.

이크, 안 되지 안 돼.

선생님이라면 몰라도 예나라면 자신이 쓴 일기와 비슷하다는 걸 금방 눈치채고 말테니까.

"일기를 보여 주는 게 어디 있냐?"

나는 얼른 일기장을 가방 속에 쏙 집어넣었어.

그런데 저녁이 되자 또 걱정이 되었어.

'오늘 일기 뭐 쓰지?'

나는 왜 하얀 일기장만 보면 눈앞이 캄캄해지고 가슴이 콩닥거리는 걸까?

나는 다시 예나의 일기장을 꺼내 들었어.

 예나의 일기

3월 6일 수요일 날씨 맑음

제목: 고구마 싹

며칠 전에 엄마가 페트병으로 만든
화분에 고구마를 담궈(담가) 놓았는데 오늘 보니
보라색이 나는 뭔가가 징그럽게 자라 있었다.
나는 걱정이 되서(되어서=돼서) 엄마한테 "엄마 고구마에
뭐가 났어."라고 말했더니 엄마가 "그것이
고구마 싹이야."라고 알려 주셨다.
나는 신기해서 계속 고구마 싹을 구경했다.
싹이 자라면 잎도 나고 꽃도 필까?
고구마 꽃은 어떤 모양일까?

그것을 고구마 수경 재배라고 한단다.
곧 잎도 많이 자라날 거야. 앞으로도 잘 관찰해 보렴.

고구마에서 싹이 나고 잎도 피어난다고?

게다가 꽃까지?

정말 신기했어.

내가 한 번도 관심 갖지 않았던 일을 예나는 궁금해하고 관찰하는 것을 보니까 놀라웠지.

나도 고구마 싹을 키워 보고 싶었어.

얼른 주방으로 갔어.

"엄마! 집에 고구마 있어?"

"배가 고프니? 군고구마 해 줄까?"

"아니 아니. 고구마 싹을 키워 보려구!"

"고구마에 싹 나면 못 먹어, 얘."

나는 집에 하나 남은 고구마를 물에 담가서 거실 탁자 위에 올려놓았어.

이제 곧 싹이 돋아나겠지?

나는 일기장을 폈어.

4월 12일 금요일 날씨 맑음

제목: 고구마

고구마를 물에 담구면 싹이 난단다.
참 신기하다.
고구마를 키워 보려고 고구마를 물에 담궜다.
매일 고구마를 관찰할 꺼다.
내일 싹이 나면 좋겠다. 무척 기대된다.
싹이 자라면 입이 되겠지?
먹을 수 있을까? 상추에 삼겹살을 싸서 먹으면
맛이 좋은데 고구마 입도 고기에 싸서
먹고 싶다.

일기를 다 쓰고 나서 나는 또 고구마를 관찰했어.

"그렇게 쳐다보면 싹이 돋아나기라도 한다니?"

말은 이렇게 했지만 아빠도 관심이 가는 모양인지 내 옆에 앉아서 열심히 고구마를 구경했지.

"자꾸 보고 있으니 침이 꼴깍 넘어가네그려. 여보! 나가서 군고구마 좀 사올게."

아빠가 후다닥 겉옷을 입고 나가자 나는 방으로 돌아와서 숙제를 했어.

그런데 자꾸 예나의 일기장에 눈이 가지 뭐야.

나는 다시 예나의 일기장을 펴 보았어.

3월 11일 월요일 날씨: 맑음
제목: 배꼽 빠지는 우리 반 장기 자랑

어? 이 날은 나도 기억나. 장기 자랑 시간이 참 재미있었거든!

이 날 내가 비틀즈의 'Yesterday'라는 팝송을 멋지게 불렀는데…….

혹시 예나가 일기에 써 놓았을까?

나는 호기심을 참지 못하고 얼른 읽어 내려갔어.

예나의 일기

3월 11일 월요일 날씨 맑음

제목: 배꼽 빠지는 우리 반 장기 자랑

수업 시간에 선생님이 갑자기 이 시간이 장기 자랑 시간이라고 하셨다.
우리는 신이 나서 '와'하고 소리를 질렀다.
준호는 트로트를 부르면서 개다리 춤을 추었는데 그 모습이 너무 웃겨서 깔깔깔 웃다 보니까 배꼽이 빠질 것처럼 아팠다.
나는 동요를 불렀는데 더 잘 부를 수 있었는데 감기에 걸려서 코맹맹이 소리가 나서 그러지 못했다.
그래도 참 재미있는 장기자랑 시간이었다.

예나가 아주 즐거웠구나 장기 자랑 시간을 자주 가져야겠네 ^.^

에잇. 준호의 개다리 춤이 대체 뭐가 웃겼다고? 정말 실망이야.
나는 같은 날 쓴 내 일기를 펼쳐 봤어.

3월 11일 월요일 날씨 맑음

제목: 숙제

학교에 갓다가 집에 와서 만화를 봤다. (갔다가)

저녁에 짜장면을 먹엇다. (먹었다.)

아빠는 곱빼기로 먹엇다. (곱빼기 / 먹었다.)

나도 다음엔 곱빼기로 먹어야지. (곱빼기)

숙제는 하기 싫다.

짜장면이 아주 맛있었겠구나.
그런데 우리 테오는 왜 숙제하기가 싫을까?

그날 장기 자랑은 참 재미있었어.

그런데 나는 왜 장기 자랑 시간에 있었던 일을 일기에 쓰지 않았을까?

나는 머리를 긁적였어.

"테오야! 아빠가 군고구마 사왔다! 나와서 먹자."

"안 먹어요!"

나도 모르게 침을 꼴깍 삼켰어. 군고구마가 먹고 싶어서가 아니라 예나의 다음 일기가 궁금해서 말이야.

다음 날의 일기 제목은 '마녀가 된 날'이야. 마녀가 된 날이라고? 무슨 뜻이지?

예나의 일기

3월 13일 수요일 날씨

날씨: 운동화가 축축 다 젖도록 비가 많이 옴.
제목: 마녀가 된 날

눈병에 걸려서 눈이 빨개졌다. 자꾸 눈물이 나고
눈곱도 생겼다. 아파서 약도 먹었다.
그런데 친구들은 나보고 눈이 빨갛다고 놀려 댔다.
호동이는 나더러 '이 마녀야!' 라면서 자꾸 놀렸다.
그 모습을 보고 있던 김테오도 큭큭거리면서
웃어 댔다. 쉬는 시간에 화가 나서 엉엉 울었는데
소연이가 와서 "아깐 놀려서 미안해. 울지 마."
하면서 따라 울었다. 나는 "괜찮아." 했다.
내 눈물처럼 하늘에서도 비가 주룩주룩 왔다.
나는 김테오가 정말 밉다.

친구들이 놀려서 속이 상했구나.
눈병은 금방 나을 테니 걱정하지 마.

이런 일이 있었나?

아차차. 기억이 나는 것도 같아. 그날, 박예나 눈이 시뻘개서 꼭 빨간 레이저를 쏘는 것 같았어. 그래서 반 아이들이 예나를 마녀라고 부르며 놀려 주었지. 특히 호동이가 심하게 놀렸어.

하지만 나는 아니야. 절대로 예나를 놀리지 않았어.

솔직히 놀림을 받는 예나를 보니까 고소한 마음이 들어서 살짝 웃긴 했지만 절대 '큭큭' 소리를 내지 않았다구. 그런데 예나는 왜 호동이보다 내가 더 미웠던 걸까?

나는 다른 일로 예나의 기분을 상하게 했나 싶어 같은 날 나의 일기를 보았지.

3월 13일 수요일 날씨 비

제목: 비

비가 왔다(왔다). 쉬는V시간에 운동장에서

축구를 했다(했다). 옷이 다 젖었다고(젖었다고) 선생님이

혼을 냈다(냈다). 집에서 엄마가 김치부침개를

붙여줬다(부쳐줬다). 배가 부른대(부른데) 초콜렛도(초콜릿) 먹엇다(먹었다).

비가 또 왔으면 좋겠다.

아무 일도 없었는걸. 게다가 나는 쉬는 시간에 축구를 하느라고 예나가 우는 걸 미처 몰랐나 봐.

그래도 예나가 울었다니까 미안한 마음이 들었어.

내일은 예나에게 꼭 사과해야겠다고 마음먹었지.

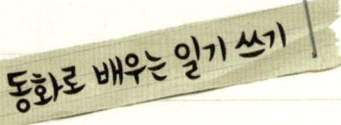
동화로 배우는 일기 쓰기

다양한 일기 쓰기

색다르고 재미있는 일기를 쓰고 싶다면 다양한 방법으로 써 보는 건 어때?

사진일기

오늘 찍은 재미있는 사진을 이용해 일기를 쓸 수도 있어.

3월 24일 토요일	날씨 : 맑음

제목 : 생강 캐기

오늘은 충남 서산에 있는 할아버지 댁에 가서 생강을 캤다. 힘이 센 할아버지랑 아빠가 생강을 줄기째 뽑고 할머니랑 엄마랑 나는 뿌리에 주렁주렁 열린 생강을 똑똑 땄다. 다 딴 생강은 흙을 잘 털어서 커다란 자루에 담았는데 나는 생강이 다칠까 봐 조심조심 흙을 털었다. 땀이 많이 나고 힘들었지만 할아버지 할머니를 도와서 뿌듯했다.

→ 사진을 찍은 장소를 꼭 넣어 주는 게 좋아요.

→ 사진에 대한 간단한 설명과 함께 있었던 일과 느낀 점을 덧붙여 써요.

→ 오늘 찍은 사진 중 가장 마음에 드는 사진을 골라 현상한 뒤, 일기장에 붙여요!

그림일기

그림일기는 오늘 있었던 일 중 인상 깊었던 일을 그림으로 표현하고 여기에 느낀 점을 덧붙이는 거야.

오늘 있었던 일 중 가장 기억에 남는 장면을 그림으로 그려요!

그림은 연필, 크레파스, 물감 등 무엇으로 그려도 괜찮아요. 색종이나 신문지를 오려 붙여도 돼요.

6월 6일 금요일 　 날씨 : 맑음

제목 : 양말 짝꿍

엄마가 빨래를 걷으면서 "에고! 힘들다." 하셨다.
그래서 나는 "엄마, 내가 빨래 갤게요." 했다.
엄마는 양말 빨래가 많으니까 양말의 짝을 맞추라고 했다.
나는 양말의 짝을 열심히 찾아서 맞췄다. 검은색 아빠 양말,
하얀색 엄마 양말, 하늘색 내 양말. 끼리끼리 다 짝을 찾았다.
엄마가 "도와줘서 참 고마워." 하면서 맛있는 호빵을 쪄 주셨다.
일을 하고 먹어서 그런지 세상에서 가장 맛있는 호빵이었다.

그림에 대한 간단한 설명과 느낀 점을 덧붙여요.

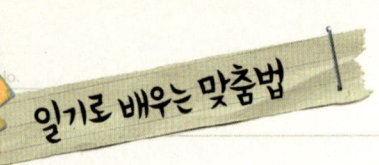

일기로 배우는 맞춤법

소리는 같지만 모양과 뜻이 달라요

앞에서 다양한 규칙에 의해 글자의 모양과 소리가 다를 수도 있다는 걸 배웠지? 이번에는 소리는 같지만 모양과 뜻이 다른 낱말을 익혀 볼게. 그래야 테오가 일기에 쓴 것처럼 부침개를 '붙이'는 황당한 일은 피할 수 있을 테니까 말이야. 부침개는 '부치다'라고 쓰는 게 바른 표현이란다. 한 번에 다 외우려 하기 보다는 평소에 책을 많이 읽고 바른 표현을 사용하면 많은 도움이 될 거야.

부치다	❶ 모자라거나 미치지 못하다. ❷ 편지나 물건 따위를 보내다. ❸ 프라이팬에 음식을 익혀서 만들다.
붙이다	서로 맞닿아서 떨어지지 않게 하다.

무치다	나물 따위에 양념을 넣고 버무리다.
묻히다	❶ 묻음을 당하다. ❷ 물, 가루 따위를 다른 것에 묻게 하다.

거치다	❶ 무엇에 걸리거나 막히다. ❷ 마음에 거리끼거나 꺼리다. ❸ 오가는 도중에 어디를 지나거나 들르다.
걷히다	늘어진 것이나 가려진 것이 치워지다.

매다	끈이나 줄 따위의 두 끝이 풀어지지 않게 마디를 만들다.
메다	어깨에 걸치거나 올려놓다.

부딪치다	'힘 있게 마주 닿거나 마주 대다. 또는 닿거나 대게 하다.'라는 뜻의 '부딪다'를 강조하여 이르는 말.
부딪히다	부딪는 행위를 당한 경우에 사용.

바치다	신이나 웃어른에게 정중하게 드리다.
받히다	머리나 뿔 따위에 세차게 부딪치는 행위를 당하다.
받치다	❶ 어떤 물건의 밑에 다른 물체를 올리거나 대다. ❷ 화 따위의 심리적 작용이 강하게 일어나다.

반드시	틀림없이 꼭.
반듯이	비뚤거나 기울어지지 않고 바르게.

1. **다음 낱말 중 바로 쓴 표현에 동그라미표를 해 주세요.**

   ❶ 편지는 학교로 부쳐 줘. / 편지는 학교로 붙여 줘.

   ❷ 콩고물을 묻힌 떡. / 콩고물을 무친 떡.

   ❸ 이곳에 보물이 묻혀 있어. / 이곳에 보물이 무쳐 있어.

   ❹ 달려오는 자전거에 부딪쳤다. / 달려오는 자전거에 부딪혔다.

   ❺ 두 손이 맞부딪쳐야 소리가 나지. / 두 손이 맞부딪혀야 소리가 나지.

   ❻ 신에게 제물을 바쳐야 안전하다. / 신에게 제물을 받혀야 안전하다.

   ❼ 투우사가 소뿔에 받혀 다쳤대. / 투우사가 소뿔에 바쳐 다쳤대.

   ❽ 운동화 끈을 단단하게 매야지. / 운동화 끈을 단단하게 메야지.

   ❾ 어깨에 맨 가방이 무겁다. / 어깨에 멘 가방이 무겁다.

❿ 집에 돌아오면 반듯이 손을 씻으렴. / 집에 돌아오면 반드시 손을 씻으렴.

2. 다음 문장을 읽고 바르게 따라 써 보세요.

❶ 봉투에 우표를 <u>붙이고</u> 편지를 <u>부쳐라.</u>

❷ 콩나물을 <u>무치다가</u> 앞치마에 <u>묻힌</u> 간장을 닦았다.

❸ 초등학교를 <u>거쳐</u> 중학교에 간다.

❹ 안개가 <u>걷히니</u> 바위에 <u>부딪치는</u> 파도가 눈에 들어왔다.

❺ <u>반듯이</u> 걷지 않으면 문에 <u>부딪히고</u> 말 거야.

❻ 우산을 <u>받쳐</u> 들고 걷는 동안 어느새 비가 <u>걷혔다.</u>

❼ 아버지가 넥타이를 <u>매고</u> 가방을 어깨에 <u>메고</u> 출근하셨다.

❽ 나라를 위해 목숨을 <u>바치는</u> 건 내 힘에 <u>부치는</u> 일이야.

❾ 서러움에 <u>받쳐서</u> 베개를 <u>받치고</u> 엉엉 울었다.

❿ 많은 사람의 도움으로 <u>거칠</u> 것 없이 해결했습니다.

조리다	고기나 생선, 채소 따위를 양념하여 국물이 거의 없게 바짝 끓이다.
졸이다	❶ 속을 태우며 초조해하다. ❷ 찌개나 국의 국물을 줄게 하다.

느리다	어떤 동작을 하는 데 걸리는 시간이 길다.
늘이다	본디보다 길이를 더 길게 하다.
늘리다	본디보다 크게 하거나 많게 하다.

주리다	제대로 먹지 못하여 배를 곯다.
줄이다	본디보다 작아지게 하다.

다리다	옷이나 천 따위의 구김이나 주름을 다리미로 펴다.
달이다	액체나 약제 따위를 끓이다.

저리다	❶ 뼈마디나 몸의 일부가 오래 눌려서 피가 잘 통하지 못하여 감각이 둔하고 아리다. ❷ 가슴이나 마음 따위가 못 견딜 정도로 아프다.
절이다	푸성귀나 생선 등에 소금기나 식초, 설탕 따위가 배어들게 하다.

너머	높이나 경계로 가로막은 사물의 저쪽, 또는 그 공간.
넘어	어떤 경계를 건너 지나는 동작.

거름	식물이 잘 자라도록 땅을 기름지게 하기 위하여 주는 물질.
걸음	두 발을 번갈아 옮겨 놓는 동작.

No.
Date

1. **다음 낱말 중 바로 쓴 표현에 동그라미표를 해 주세요.**

    ❶ 마음을 조리며 기다렸다. / 마음을 졸이며 기다렸다.

    ❷ 거북이가 토끼보다 느리지. / 거북이가 토끼보다 늘리지.

    ❸ 커튼을 길게 늘이니 보기 좋네. / 커튼을 길게 느리니 보기 좋네.

    ❹ 재산을 늘릴 줄만 아는군. / 재산을 늘일 줄만 아는군.

    ❺ 바지를 더 주려야겠어요. / 바지를 더 줄여야겠어요.

    ❻ 보약 다리는 냄새. / 보약 달이는 냄새.

    ❼ 다리가 절여서 못 걷겠어. / 다리가 저려서 못 걷겠어.

    ❽ 배추를 소금물에 절이다. / 배추를 소금물에 저리다.

    ❾ 저 언덕 너머에 궁전이 있단다. / 저 언덕 넘어에 궁전이 있단다.

    ❿ 밭에 걸음을 주거라. / 밭에 거름을 주거라.

2. **다음 문장을 읽고 바르게 따라 써 보세요.**

    ❶ 실력을 <u>늘려야겠는걸.</u>

    ❷ 과소비를 <u>줄이자.</u>

    ❸ 옷을 <u>다리는</u> 동안 국물이 다 <u>졸았다.</u>

    ❹ 담 <u>너머</u>로 고등어 <u>조리</u>는 냄새가 난다.

    ❺ 너무 <u>느린</u> 탓에 <u>걸음</u>을 재촉하고 말았다.

    ❻ 새벽 다섯 시가 <u>넘어서까지</u> 보약을 <u>달였다.</u>

    ❼ 마흔이 <u>넘어서도</u> 장가를 못 가는 아들 때문에 마음이 <u>저리다.</u>

    ❽ <u>주린</u> 배를 허겁지겁 채우고 <u>걸음</u>을 옮겼다.

❾ 직원을 <u>늘렸더니</u> 수입이 크게 <u>늘어났다.</u>
❿ 배추를 <u>절일</u> 때는 굵은 소금을, 나물을 <u>무칠</u> 때에는 가는 소금을 쓴다.

엄마가 김치 부침개를 <u>붙여</u> 주셨어.

김치 부침개는 '붙이'는 게 아니고 '부치'는 거라니까.

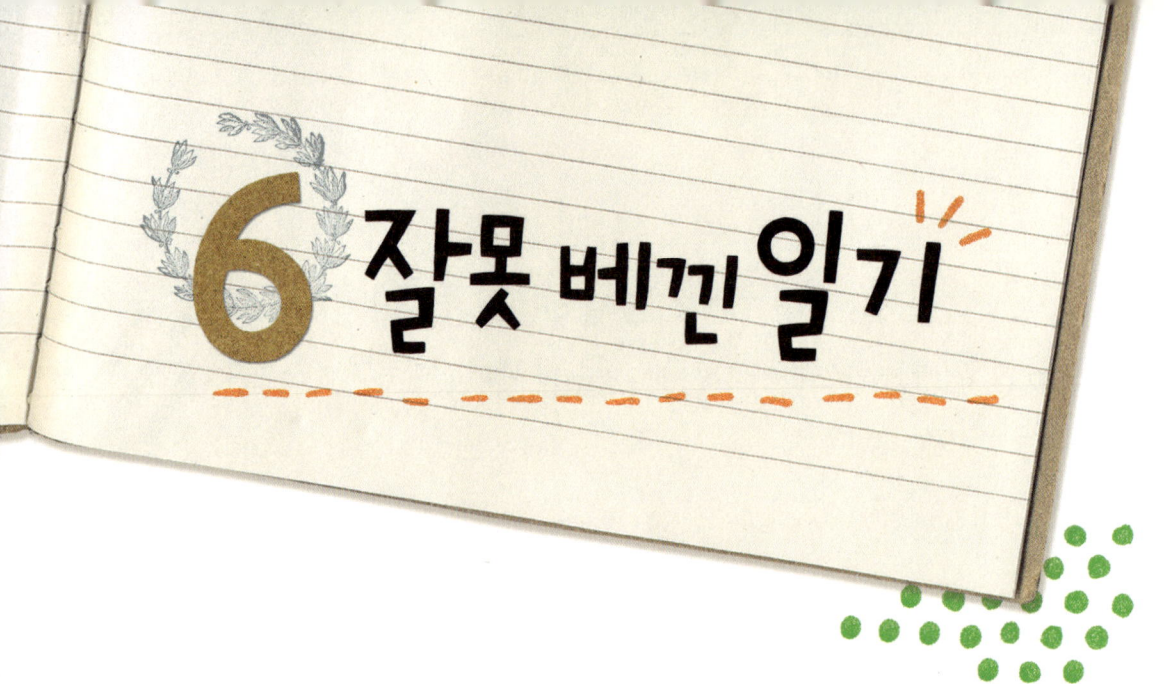

6 잘못 베낀 일기

아침에 일어나자마자 나는 고구마를 들여다보았어.

아직 싹 날 기미가 보이지 않았어.

밥 먹고 나서 한 번, 이 닦고 세수하고 나서 또 한 번, 옷 입고 가방 메고 나서 다시 한 번 고구마를 들여다보았지.

하지만 여전히 감감무소식이야.

학교 가기 전 나는 마지막으로 고구마를 들여다보았어.

"그렇게 쳐다보고 있으면 나오던 싹도 부끄러워서 도로 들어가겠다."

엄마가 말했어.

학교에 다녀오면 싹이 나 있을까?

어젯밤 일기에 고구마 수경 재배를 시작한다고 썼는데 선생님은 뭐라고 하실까?

나는 선생님께 받은 일기장을 얼른 펴 보았어.

테오의 일기

4월 12일 금요일 날씨 맑음

제목: 고구마

고구마를 물에 담구면(담그면) 싹이 난단다.
참 신기하다.
고구마를 키워 보려고 고구마를 물에 담궜다(담갔다).
매일 고구마를 관찰할 꺼다(할 거다).
내일 싹이 나면 좋겠다. 무척 기대된다.
싹이 자라면 입(잎)이 도(나)겠지?
먹을 수 있을까? 상추에 삼겹살을 싸서 먹으면
맛이 좋은데 고구마 입(잎)로 고기에 싸서
먹고 십다(싶다).

테오가 고구마 싹을 키우기 시작했구나.
테오의 궁금증 덕분에 선생님도 인터넷 검색을 해 보았단다.
고구마 잎은 데쳐서 반찬을 만들어 먹기도 하고 쌈으로 먹기도 한대.
잘 키워서 선생님도 나눠 줄 거지?
테오의 고구마 싹이 테오처럼 무럭무럭 자라길 바랄게.

선생님 편지에 기분이 마구 좋아졌어!

그런데 정말 고구마 잎을 먹어도 되는구나. 예나네 고구마는 잎이 자랐을까? 그 일기가 벌써 한 달 전 일이니까 잎이 많이 자랐을지도 몰라.

하지만 물어볼 수는 없었지.

집에 돌아오자마자 나는 일기장부터 꺼냈어. 예나의 일기장 덕분에 어쩐지 일기 쓰는 일이 재미있어진 것 같아. 물론 가슴이 콕콕 찔리긴 하지만 말이야.

 예나의 일기

3월 15일 금요일 날씨 맑음

제목: 이상한 나라의 앨리스

엄마가 숙제를 일찍 끝내서 잘 했다고 영화를 보여 줬다. 이상한 나라의 앨리스라는 영화였다. 극장이 어두워서 처음엔 무서웠지만 금방 익숙해졌다. 앨리스가 시계를 보는 토끼를 따라서 이상한 나라로 들어갈 때는 흥미진진 했지만 붉은 여왕과 맞서 싸울 때는 앨리스가 죽을까 봐 무서웠다. 하지만 무사히 집에 돌아왔을 때는 다행이라고 생각했다. 나도 이상한 세계에 가 보고 싶다. 토끼를 언제 만날지 모르니까 눈을 토끼처럼 동그랗게 뜨고 다녀야지.

영화는 재미있었니?
흥미진진했다니 선생님도 보고 싶구나.

좋아! 오늘은 이 일기를 베껴 써야겠어.

하지만 나는 '이상한 나라의 앨리스'라는 영화를 보지도 않았는걸! 지난주에 엄마가 영화를 보러 가자고 했는데 게임이나 실컷 하게 해 달라고 졸랐다가 혼만 났지 뭐야.

"엄마! 엄마!"

"무슨 일이야?"

나는 전화 통화 중인 엄마를 다급하게 찾았어.

"얼른 영화 보러 가자!"

"뭐? 갑자기 무슨 영화?"

"이상한 나라의 앨리스! 얼른! 얼른!"

"어머, 얘가 그거 보기 싫다더니 갑자기 왜 이래. 잠깐만. 아직 상영하는지 엄마가 알아볼게."

다행히 영화는 아직 상영 중이었어. 나는 냠냠 팝콘을 먹으면서 엄마와 영화를 봤지.

영화는 재미있었지만 앨리스가 집으로 다시 돌아왔을 때는 너무 아쉬웠어.

예나는 대체 뭐가 다행이라는 거야? 집으로 돌아오면 다시 학교도 다녀야 하고 숙제도 해야 하잖아.

나는 그럴 수만 있다면 평생 이상한 나라에서 살고 싶단 말이야.

할 말이 많아서 그런가? 일기가 술술 써졌지.

4월 15일 월요일 날씨맑음

제목: 엄마와 영화 보기

엄마와 이상한 나라의 앨리스라는 영화를 보았다. 앨리스는 시계를 보는 토끼를 따라서 이상한 나라로 간다. 붉은 여왕과 싸우는 앨리스는 <u>너무</u> 용감했다. 하지만 무사히 집에 돌아왔을 때는 너무 아쉬웠다.

너무는 좋지 않은 상황 앞에만 쓴단다 이럴 땐 '정말 혹은 무척' 이라고 하면 좋겠지?

엄마가 팝콘도 사 줬다.
배가 고파서 <u>깨끗히</u> 다 먹었다. (깨끗이)
나도 이상한 나라에 가 보고 싶다.
거기에는 학교도 없고 숙제도 없을∨<u>텐대</u>. (텐데)

*테오가 아주 즐거웠겠구나!
선생님도 이 영화를 보았는데 무척 재미있었단다.*

며칠 뒤 미술 시간이었어.

"어머! 어떡해."

예나가 책상에 얼굴을 파묻었어. 준비물인 찰흙을 깜빡하고 가져오지 않았나 봐!

"넌 이제 죽었다! 선생님한테 혼날 텐데~. 혼날 텐데~."

앞자리에 앉은 호동이가 큭큭거리면서 예나를 놀려 댔어.

예나의 얼굴이 붉으락푸르락 구겨지는 걸 보니까 좀 안돼 보였어. 자꾸 여자애들을 놀리는 호동이는 참 비겁해.

"너 내 짝꿍 예나 놀리지 마!"

일기장 때문인가? 이 말이 목구멍까지 올라왔어. 하지만 차마 용기가 안 났어.

그때 예나가 호동이 머리카락을 세게 잡아당겼어.

"아얏! 선생님! 얘가 제 머리 잡아당겼어요."

호동이는 울상을 지었지만 선생님은 못 들으셨는지 바로 수업을 시작했어.

큭큭, 호동이 고거 쌤통이다. 나는 예나를 향해 엄지손가락이라도 들어 주고 싶었어.

나는 책상 위에 놓인 두 개의 찰흙을 내려다봤어. 아주 크게 만들려고 찰흙을 두 개나 가져왔지.

좋았어! 호동이가 예나를 '마녀'라고 놀렸을 때 웃은 것을 사과할 기회야.

나는 찰흙 중에 하나를 슬그머니 예나한테 내밀었어.

"이게 뭐야?"

"너 써. 난 두 개야."

조금 으쓱했어. 예나가 무척 고마워하겠지?

어라? 그런데 예나가 날 노려보고 있잖아?

"흥. 네 거 안 써!"

"뭐?"

"혼나고 말지."

기껏 생각해서 빌려 줬더니 내 거는 안 쓰겠다고? 예나의 뜻밖의 말에 얼굴이 화끈거렸어.

"내 거가 뭐 어때서?"

"싫다니까!"

예나는 찰흙을 내 책상에 도로 던졌어.

철커덩 쾅!

그런데 찰흙이 하필 필통을 때리면서 엄청난 소리와 함께 바닥으로 곤두박질쳐 버렸지. 책상 밑으로 필통과 지우개, 연필들이 쏟아졌어. 조용한 교실에 천둥이라도 친 것 같았어.

"테오 왜 이렇게 소란스럽지?"

선생님이 커다란 눈으로 나를 쳐다보았어. 선생님은 내가 장난이라도 치다가 필통을 떨어뜨린 줄 아나 봐! 억울했어.

"큭큭."

그런데 내가 혼나는 게 재미있는지 예나가 킥킥거리며 웃어 대지 뭐야!

도저히 참을 수가 없어진 나는 나도 모르게 양 갈래로 땋은 예나의 한쪽 머리를 잡아당겼어. 하지만 절대로 세게 잡아당기지는 않았어. 아주 살짝, 살짝 잡았을 뿐이야.

아뿔사, 그런데!

"아얏!"

예나는 그대로 울음을 터트리며 책상에 얼굴을 파묻었어.

결국 나는 예나를 놀린 잘못으로, 예나는 찰흙을 가져오지 않은 잘못으로 미술 시간 내내 교실 뒤에 서 있어야 했어. 새 찰흙은 만져 보지도 못했지.

예나는 수업 시간 내내 나를 씩씩거리며 노려봤어.

그 애의 눈이 한쪽으로 몰려서 가자미로 변한대도 이상할 게 없었지.

나도 예나가 미웠어. 집에 돌아오면서 다시는 예나의 일기장을 보지 않겠다고 마음먹었어.

예나의 일기가 없어도 나는 일기를 잘 쓸 수 있으니까!

하지만 아무리 하얀 일기장을 들여다보고 또 들여다봐도 아무것도 생각나질 않아.

오늘 혼이 난 이야기는 쓰고 싶지 않아. 얄미운 예나는 다시 생각하고 싶지도 않으니까.

"일기 다 썼니? 어머, 아직도 백지네."

엄마가 나보다 더 다급한 표정을 지었어.

"벌써 아홉 시인데 어쩌려고 그래? 얼른 쓰고 자야지."

눈꺼풀이 무거워지기 시작했어.

점점 눈앞이 흐려지더니, 꿈뻑!

"아얏."

졸다가 그만 책상에 머리를 부딪치고 말았지 뭐야.

나는 할 수 없이 예나의 일기장을 꺼냈어. 남자의 자존심은 잠시 접어두기로 했지 뭐.

점점 흐려지는 눈을 쓱쓱 비비며 아무 페이지나 펼쳐 대충 베꼈어.

4월 18일 목요일 날씨 맑음

제목: 소방서 견학

소방서 견학을 갔다. 불이 나면 출동해서 불을 꺼 주시는 소방관 아저씨들이 무척 고마웠다. 하지만 아저씨들이 다칠까봐 걱정됐다.
소방관 아저씨들

감사합니다

어느 순간 나는 꿀 같은 잠에 빠졌어.

다음 날, 선생님이 날 불렀어.

"김태오! 이 일기 어떻게 된 거야?"

"네?"

"어제 우리 반은 소방서 견학을 안 갔는데? 소방서 견학을 간 건 3월의 일이잖니?"

이크.

그러고 보니 어제 졸면서 일기를 베꼈던 것이 생각났어.

"게다가 어제는 비가 왔는데 맑음으로 되어 있네?"

선생님과 반 아이들이 다 궁금한 표정으로 나만 쳐다봤어.

땀이 송송 났어. 어쩌지? 어쩌지……! 하지만 변명거리가 생각나지 않았어.

"일기 쓰기 싫다고 예전에 있었던 일을 마치 오늘 있었던 일처럼 꾸며서 쓰면 안 돼. 알았니? 김태오!"

"……네."

얼른 교실 앞으로 나가서 일기장을 받아 왔어. 쥐구멍이 있으면 당장에라도 숨고 싶었지.

수업을 마치고 쉬는 시간이 되었어.

그런데 예나가 자꾸 나를 힐끔힐끔 쳐다보는 거야.

"김태오! 너 혹시……!"

설마 예나가 눈치챈 것 아닐까? 내가 자기의 일기를 베껴 썼다는 사실을 말이야.

"왜에!"

떨리는 마음과는 반대로 목소리가 커졌어.

"너 혹시 말이야."

"혹시 뭐!"

"방귀 뀐 거 너지?"

"뭐어?"

예나는 내 몸에 대고 킁킁거리면서 말했어.

"어디서 방귀 냄새가 자꾸 나는데……."

"방귀라니, 생사람 잡지 마!"

휴. 나는 가슴을 쓸어내렸어. 다행히 예나는 눈치채지 못했나 봐.

"아니면 아니지 왜 화를 내니? 방귀 뀐 놈이 성낸다더니."

예나는 입을 삐죽였지.

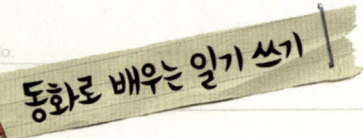

다양한 일기 쓰기

고구마 싹 키우기에 도전한 테오! 앞으로 테오는 고구마 싹에 대한 일기를 아주 많이 쓰게 되겠지? 이렇게 주변에 있는 사물을 열심히 관찰하고 쓴 일기를 관찰일기라고 해. 텔레비전이나 책을 보고 인상 깊은 내용을 일기로 남기는 것도 좋아. 이를 감상일기라고 한단다.

관찰일기

곤충이나 동식물 등 주변에서 볼 수 있는 것들을 매일 관찰하며 달라진 모습과 특이한 점을 기록하는 것을 관찰일기라고 해.

4월 17일 화요일 | 날씨 : 햇볕은 쨍쨍, 모래알은 반짝

제목: 토마토 관찰일기

→ 처음 부분에 관찰 대상이 무엇인지 어떤 방법으로 관찰하였는지 쓰면 좋아요.

베란다에 방울토마토 씨앗을 심은 지 한 달이나 지났다.
나는 매일 햇볕이 충분히 드는 곳으로 화분을 옮겨 놓고 흙이 마르지 않게 물을 주었다.
어제 보니 파란 줄기가 몰라보게 쭉 뻗어 있었다.

→ 중간 부분에는 관찰한 내용을 써요.

자를 가지고 와서 재보니 31cm였다. 엄마가 말씀하셨다.
"이제 지주대를 세워 주어야겠구나."
방울토마토 줄기에 곧 무거운 방울토마토가 주렁주렁 달릴 테니 쓰러지지 않게 미리 지주대를 세워야 한다는 거다.
엄마를 도와서 지주대를 세우고 나니 뿌듯했다.

→ 끝부분에는 관찰 결과와 관찰 후 느낀 점을 써요.

감상일기

　책을 읽거나 텔레비전이나 영화 같은 영상물을 보고 나서 쓴 일기를 감상일기라고 해. 감상일기를 써 두면 내용을 오래 기억할 수 있단다.

7월 5일 월요일 　　 날씨: 잔뜩 흐렸다가 소나기가 쏟아짐

제목: 〈호랑이 식당 범희네〉를 읽고

이 책은 친구 현정이가 생일 선물로 받은 책인데 무척 재미있다면서 읽어 보라고 빌려 줘서 읽게 됐다. ← 처음 부분에는 영화나 책을 접하게 된 계기를 써요.

책의 내용은 이렇다. 범희네는 산골에서 식당을 하면서 살고 있는데 범희는 고기 알레르기가 있어서 야채 반찬만 먹는다. 맛있는 고기를 못 먹는 범희가 너무 불쌍했다. 그런데 어느 날 범희는 친구 생일잔치에 갔다가 닭고기를 먹고 그만 호랑이로 변해 버린다. 알고 보니 범희는 조상 대대로 호랑이 부족이었던 거다. 내가 범희였다면 나는 아마 매일 울기만 했을 거다. 하지만 범희는 꼬리로 가재도 잡고 오빠를 업고 바위도 타면서 신나게 논다. ← 중간 부분에는 영화나 책의 줄거리를 써요.

나는 씩씩한 범희가 부러웠다. 사실 나도 호랑이 부족이면 어떡하지? 내일 호랑이로 변하게 되더라도 나도 범희처럼 재미있게 지내고 싶다. ← 끝부분에는 느낀 점을 써요. 뻔한 표현보다는 나만의 표현을 만들어 봐요.

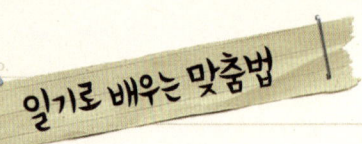

받침은 'ㄱ, ㄴ, ㄷ, ㄹ, ㅁ, ㅂ, ㅇ'으로만 소리 내요

우리말은 'ㄱ, ㄴ, ㄷ, ㄹ, ㅁ, ㅂ, ㅇ'의 일곱 개만 음절의 끝소리로 소리가 나. 글자에 어떤 받침이 오더라도 그 받침은 위의 일곱 개 중 하나의 소리를 낸다는 거지. 나머지 자음은 위의 일곱 개의 자음 중에서 하나로 바뀌어 소리를 내. 테오가 일기에 "고구마 입도 고기에 싸서 먹고 십다"라고 쓴 건 "고구마 잎도 고기에 싸서 먹고 싶다"라고 써야 옳아. 받침인 'ㅍ'은 그와 가장 가까운 'ㅂ'으로 소리 내기 때문에 [고구마입], [~십따]라고 읽지.

> 받침 'ㄱ, ㄲ, ㅋ'은 말의 끝에서 대표음 'ㄱ'으로 소리 내요.
> 예 부엌→[부억]

 '부엌'은 [부억]으로 읽어요. '부엌'의 'ㅋ'은 'ㄱ'으로 바뀌어 소리 나지만 쓸 때에는 '부엌'이라고 써야 하지요.

1. 다음 낱말 중 바로 쓴 표현에 동그라미표를 해 주세요.

❶ '연필을 ○○.'에 알맞은 말은? (깍다 / 깎다)

❷ '안'의 반댓말은? (밖 / 박)

❸ 날이 샐 무렵을 뜻하는 말은? (새벽녁 / 새벽녘)

❹ 두 가지 이상의 것을 한데 합치다. (석다 / 섞다)

❺ '이를 ○○.'에 알맞은 말은? (닦다 / 닥다)

❻ '꽃을 ○○.'에 알맞은 말은? (꺾다 / 꺽다)

❼ 북쪽 땅. 혹은 분단된 한국의 북쪽 땅. (북녘땅 / 북녁땅)

❽ '안과 밖'을 뜻하는 말은? (안팎 / 안팍)

❾ 자음 'ㅋ'을 이르는 말은? (키역 / 키읔 / 키읃)

❿ 물고기를 잡는 데 쓰는 작은 쇠갈고리. (낙시 / 낚시)

2. 다음 문장을 읽고 바르게 따라 써 보세요.

❶ 두 인물이 갈등을 <u>겪다</u>.

❷ 두 시간 <u>안팎</u>.

❸ 아낙네가 밭에서 상추를 <u>솎다</u>.

❹ 여러 가지 재료를 <u>섞다</u>.

❺ 채소를 <u>볶다가</u> 떡을 넣어 떡볶이를 완성했다.

❻ 운동화 끈을 <u>묶다</u>.

❼ 꽃을 <u>꺾지</u> 마세요.

❽ 수건으로 얼굴을 <u>닦고</u> 손톱도 <u>깎다</u>.

❾ <u>북녘땅</u>에서는 극심한 가뭄으로 고통을 <u>겪다</u>.

❿ 어스름한 <u>새벽녘까지</u> 짚으로 새끼줄을 <u>엮다</u>.

> 받침 'ㅍ'은 말의 끝에서 대표음 'ㅂ'으로 소리 내요.
> 예) 잎→[입]

 '잎'의 'ㅍ'은 가장 가까운 소리인 'ㅂ'으로 바뀌어 소리를 내요. 하지만 쓸 때에는 '잎'이라고 써야 해요.

1. 다음 낱말 중 바로 쓴 표현에 동그라미표를 해 주세요.

❶ 밀알을 떨고 난 밀의 줄기. (밀집 / 밀짚)

❷ 'ㅇㅇ을 꿇었다.'에 알맞은 말은? (무릅 / 무릎)

❸ '수풀'의 준말. (숩 / 숲)

❹ 오른쪽이나 왼쪽의 면. 또는 그 근처. (옆 / 엽)

❺ 'ㅇㅇ도 제짝이 있다.'에 알맞은 말은? (집신 / 짚신)

❻ '뚜껑'과 같은 말. (덮개 / 덥개)

❼ 자음 'ㅍ'을 이르는 말은? (피읍 / 피읖 / 피읏)

❽ '될 성부른 나무는 ㅇㅇ부터 알아본다.'에 알맞은 말은? (떡입 / 떡잎)

❾ 태백산맥을 넘어 영서 지방으로 부는 고온 건조한 바람.
(높새바람 / 놉새바람)

❿ 나뭇잎을 뜻하는 말. (입사귀 / 잎사기 / 잎사귀)

2. 다음 문장을 읽고 바르게 따라 써 보세요.

❶ 머리, 어깨, 무릎, 발.

❷ 감명 깊게 읽은 책.

❸ 구멍난 밑짚모자에 덧댄 헝겊.

❹ 한 달 뒤에 그토록 가고 싶던 고향에 간다.

❺ 옆구리에 책을 끼고 앞만 보며 달렸다.

❻ 붉은 단풍잎.

❼ 손님이 실수로 그릇을 엎고 갔다.

❽ 식물들이 담장을 뒤덮고 있다.

❾ 앞치마를 두르고 설거지를 했다.

❿ 두더지가 땅굴을 깊게 팠다.

받침 'ㄷ, ㅌ, ㅅ, ㅆ, ㅈ, ㅊ, ㅎ'은 말의 끝에서 대표음 'ㄷ'으로 소리 내요.
예) 낟→[낟], 낱→[낟], 낫→[낟], 났→[낟], 낮→[낟], 낯→[낟], 낳→[낟]

말의 끝에서 쓰인 'ㄷ, ㅌ, ㅅ, ㅆ, ㅈ, ㅊ, ㅎ'은 가장 가까운 음인 'ㄷ'으로 바뀌어 소리가 나요. 하지만 쓸 때에는 본래의 받침을 기억해 써야 해요.

1\. 다음 낱말 중 바로 쓴 표현에 동그라미표를 해 주세요.

❶ '잘못을 ○○○.'에 알맞은 말은? (깨닷다 / 깨닫다)

❷ 해가 내리쬐는 뜨거운 기운. (햇볏 / 햇볕)

❸ 자음 'ㅅ'을 이르는 말은? (시옷 / 시옷)

❹ 마음에 흡족하도록. (마음껃 / 마음껏)

❺ 껍질을 벗기고 꼬챙이에 꿰어서 말린 감. (곶감 / 곧감)

❻ 어색하고 서먹서먹하다. (낯설다 / 낫설다 / 낱설다)

❼ 바로 며칠 전. (엇그저께 / 언그저께 / 엊그저께)

❽ '한글 ○○○'에 알맞은 말은? (맏춤법 / 맞춤법 / 맞춤법)

❾ 남에게 갚아야 할 돈. (빗 / 빛 / 빚)

❿ 음력으로 한 해의 맨 끝 달. (섣달 / 섯달)

2. 다음 문장을 읽고 바르게 따라 써 보세요.

❶ <u>숟가락</u>과 <u>젓가락</u>을 들고 밥이 되기를 <u>기다렸다.</u>

❷ <u>흩뿌려진 벚꽃.</u>

❸ <u>꼿꼿이</u> 수업에 가야 한다는 걸 <u>잊다.</u>

❹ <u>밑도 끝도</u> 없는 말을 불쑥 하고 그래?

❺ <u>한낱 헛된</u> 꿈일 뿐이다.

❻ <u>빗줄기</u>를 <u>마음껏</u> 감상하렴.

❼ 이 송편을 다 <u>빚고 윷판</u>을 벌이자.

❽ 개를 <u>쫓다가</u> 녀석과 <u>맞닥뜨리고 말았다.</u>

❾ <u>풋과일을 대여섯</u> 개나 <u>먹었더니</u> 배가 <u>아팠다.</u>

❿ 땅콩, <u>잣</u>, 호두 같은 <u>온갖</u> 견과류를 담은 <u>솥.</u>

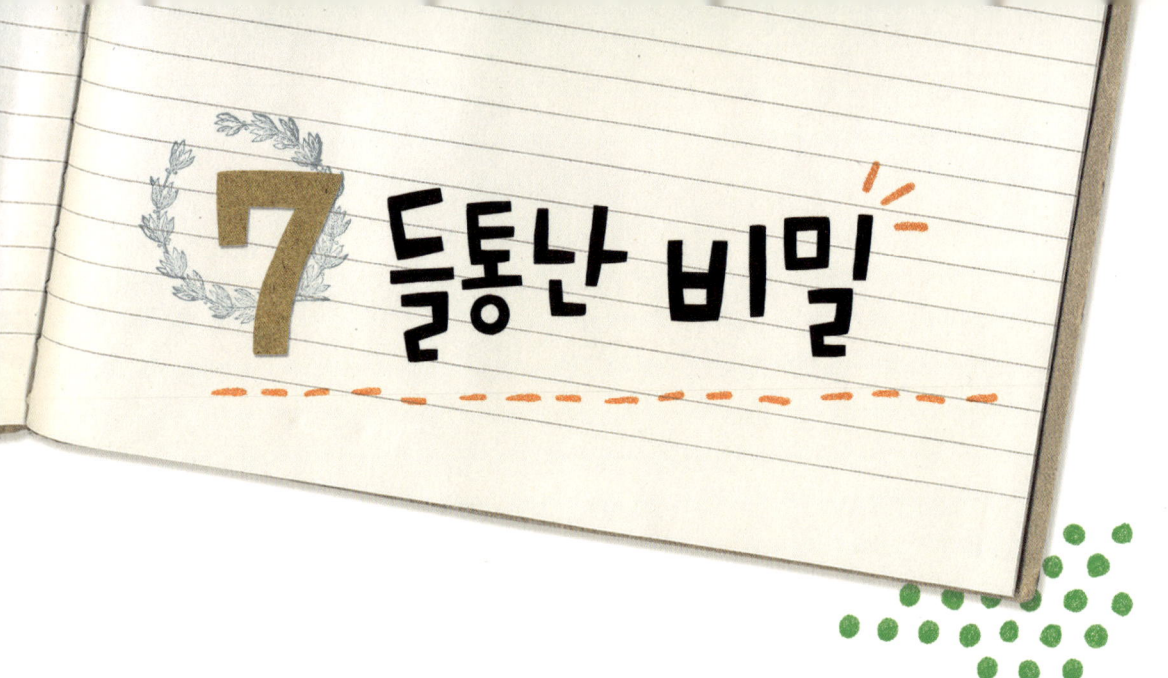

7 들통난 비밀

더 이상 예나의 일기는 베끼면 안 될 것 같아.

나는 집으로 돌아오면서 결심하고 또 결심했어. 다시는 오늘 같은 일이 생기면 안 되니까!

그때 번개같이 머릿속을 스치는 생각이 있었어.

어제 졸음을 참아가며 예나의 일기를 베끼고……. 그리고 나서 그걸 어디에 뒀더라?

아!

어떡해! 예나의 일기장을 책상 위에 그대로 올려놓은 것 같아!

등줄기가 쭈뼛했어. 엄마가 청소를 하다가 봤을지도 몰라. 아빠가 컴퓨터를 쓴다고 방에 들어왔다가 봤을지도 모르지.

집으로 가는 발걸음이 빨라지기 시작했어. 발걸음에 맞춰 심장도 콩닥콩닥 뛰었어.

"휴."

다행히 책상 위에 예나의 일기장은 없었어.

"그럼 그렇지. 졸면서도 일기장을 서랍 속에 잘 넣어 두었군!"

나는 얼른 서랍을 열었어.

그런데 늘 예나의 일기장이 있던 자리가 텅 비어 있었지.

"이…… 이게 어디 갔지? 책꽂이에 있나?"

책꽂이도 샅샅이 뒤졌지만 예나의 일기장은 보이질 않았어.

"뭘 그리 찾니? 이거 찾는 거야?"

그때 엄마가 방문을 열고 들어왔어. 돌아보니까 엄마 손에 분홍색 공책 하나가 들려 있었어. 그건 내가 찾던 예나의 일기장이었지.

눈앞이 캄캄해졌어.

"테오야. 말해 봐. 예나 일기장을 왜 네가 가지고 있니? 응?"

"그게 사실…… 빌렸어!"

"빌렸다구? 일기장을?"

"응. 일기 쓰기가 어렵다고 하니까 예나가 빌려줬……."

"너 똑바로 말 못하니?"

엄마의 눈빛이 무섭게 변했어.

내가 처음 보는 엄마의 모습이었어. 눈물이 나올 것 같았지.

"지금 거짓말 하는 거 다 알아. 얼른 똑바로 말 못 하니?"

"그게……."

"그럼 이 엄마가 예나한테 직접 물어보는 수밖에 없어. 전화기 어디 있지?"

"안 돼! 안 돼! 엄마."

엄마가 예나한테 물어보는 순간 모든 것이 끝이잖아.

잃어버린 예나의 일기장을 내가 가지고 있다는 건 내가 훔쳤다는 뜻이 되니까.

그래. 그게 사실이기는 해.

나는 할 수 없이 엄마한테 솔직히 털어놓기로 했어.

"예나가 자꾸 날 놀리니까 예나의 약점을 찾아보려고 일기장을 살짝 본 건데…… 나도 모르게 그만…… 가방에 넣어 버렸어. 그런데 일기가 안 써질 때 예나의 일기장을 보면 일기가 술술 써져서……."

"어휴."

엄마는 땅이 꺼져라 한숨을 내쉬었어.

"네가 요즘 일기를 잘 쓴다고 칭찬을 받기에 다행이다 싶었는데 그게, 예나의 일기를 베낀 거라고?"

"똑같이 베낀 건 아니야. 그냥 조금 비슷하게……."

"네가 잘못한 건 알고 있지?"

"응."

나는 기운 없이 고개를 끄덕였어.

"잘못을 했으면 어떻게 해야 한다고 가르쳤지?"

"사과하고 용서를 받아야 한다고……."

설마, 설마 아닐 거야. 예나에게 사과하고 용서를 받으란 뜻은 아니겠지?

"그렇다면 예나에게 사과하고 용서를 받으러 가자."

"싫어! 으앙."

나는 울음을 터트렸어.

차라리 선생님이 아시게 되는 건 괜찮아. 하지만 예나가 아는 것은 싫어! 그 애는 날 싫어하니까 아마 날 실컷 놀리고 동네방네 소문을 내고 다닐 거야.

생각만 해도 창피하단 말이야.

"울음 뚝 그쳐! 다른 사람의 일기장을 훔쳐서 베껴 쓴 일이 그럼 사과할 일이 아니라는 거야?"

"그건 아니지만……."

그때 아빠가 나타났어.

"무슨 일이오?"

엄마는 아빠에게 모든 일을 이야기했어. 나는 눈물을 짜내면서 가만히 앉아 있었지.

아마 아빠는 엄마보다 나를 더 크게 혼낼 거야.

하지만 예상과는 달리 아빠는 날 꼭 안아줬어.

"테오가 일기 쓰기 때문에 많이 힘들었구나. 아빠가 더 많이 이해해 주지 못해서 미안해."

아빠는 엄마한테 이번 일은 이쯤에서 그만 끝내자고 했지.

"그게 무슨 소리야? 잘못을 알고도 그냥 덮어 버리자는 거야?"

"테오의 마음을 좀 헤아려 봐. 오죽하면 그랬겠어."

"당신은 그럴 수 있는지 몰라도 난 그렇게 못 해!"

엄마는 내 손을 잡아끌었어.

"당신이 억지로 이런다고 테오가 진짜 반성을 할 것 같아? 테오 스스로 사과할 기회를 줘야지."

엄마와 아빠가 싸우는 것을 보니 무서워서 몸이 떨렸어.

이게 다 나 때문이야. 예나의 일기장을 가방에 집어넣을 때만 해도 이렇게 큰 문제가 될 거라고 생각하지 못했는데.

그때 엄마가 갑자기 코를 감싸 쥐었어.

"그런데 아까부터 이게 무슨 냄새지?"

집 안에 썩은 냄새가 진동을 하잖아.

"어머. 고구마가 다 썩어 버렸네!"

"고구마가?"

거실 탁자 위에 올려놓은 고구마가 반 이상 거무튀튀하게 썩어 있었어. 싹도 틔우지 못한 채로 말이야.

"이게 어떻게 된 일이지?"

"원래 약간 상했있나 보다. 그린 상태로 물에 넣어 놨으니 완전히 썩어 버렸지, 어휴."

나는 썩어 버린 고구마가 꼭 나 같다고 느꼈어.

엄마가 고구마가 든 페트병 화분을 들고 화장실로 가는 것을 보면서 나는 그 자리에서 꿈쩍도 하지 못했지.

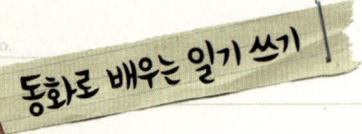

다양한 일기 쓰기

테오가 결국 엄마에게 들키고 말았네. 사실 테오도 예나에게 미안한 마음이 들어 힘들어하던 참이었는데 말이야. 테오는 하루 종일 예나에게 사과하는 상상을 해. 예나는 과연 테오의 사과를 받아 줄까?

상상일기

상상일기는 오늘 내가 상상한 내용을 옮겨 놓은 일기야.

4월 20일 토요일	날씨 : 소나기

제목 : 예나가 진짜 마녀가 될지도 몰라!

수업 시간에 예나를 살짝 쳐다봤는데 예나가 '흥!' 하면서 나를 노려봤다. 그런 예나에게 내가 일기장을 훔쳤다고 솔직하게 고백한다면 어떻게 될까?
"이 못된 김테오!"
예나는 눈이 새빨간 진짜 마녀로 변해서 나를 쫓아올 거다. 그리고 마법 지팡이를 휘둘러 나를 똥으로 만들어 버릴 거다. 선생님도, 반 친구들도 그런 나를 보면서 킥킥 비웃을 거다. 상상만 해도 무서워서 눈물이 나왔다.

→ 엉뚱하고 기상천외한 상상도 괜찮아요.

→ 꿈에서 본 장면을 써도 좋아요.

대화일기

우리는 하루에도 수십 번, 다른 사람과 즐거운 대화를 나누지. 이렇게 누군가와 대화한 내용을 일기장에 옮긴 것을 대화일기라고 해.

> 4월 21일 일요일   날씨 : 먹구름이 잔뜩 껴서 흐림
>
> 제목 : 썩은 고구마
>
> 엄마가 말했다.
> "너 다시는 뭐 키운다고 하지 마!"
> "왜요?"
> "또 상하게만들 거잖아.
> 이 엄마가 다 치우느라 얼마나 고생했는지 알아?"
> 나도 잘 키울 수 있는데
> 엄마는 정말 너무해.
> "흥! 나도 엄마 때문에 마음이 상해 버렸어요!"

→ 오늘 한 대화 중 가장 기억에 남는 대화를 옮겨요.

→ 대화는 큰따옴표 안에 넣어요.

→ 대화일기를 읽으면 머릿속에 장면이 생생하게 그려진답니다.

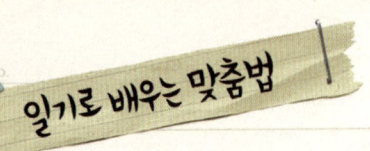
일기로 배우는 맞춤법

'이'나 '히'로 끝나는 낱말을 구분해요

테오는 일기에 손을 '깨끗히' 씻었다고 했어. 하지만 '깨끗히'는 왠지 읽기에 불편하지? 이럴 때에는 '깨끗이'라고 써야 해. 바르게 쓰니 발음도 편안하게 할 수 있어. 우리는 종종 '이'로 끝나는 낱말과 '히'로 끝나는 낱말을 헷갈리곤 해. 이번에는 '이'와 '히'로 끝나는 말을 알아볼까?

'이'로 끝나는 낱말	'ㅅ' 받침이 있는 경우.	예) 깨끗이, 반듯이, 다소곳이
	'ㅂ' 받침이 있는 경우.	예) 가벼이, 너그러이, 외로이
	'ㄱ' 받침이 있는 경우.	예) 깊숙이, 끔찍이, 멀찍이
	같은 말이 반복되는 경우.	예) 겹겹이, 줄줄이
	'히'로 발음하는 것이 어색한 경우.	예) 많이, 고이

👉 '가벼이'의 원래 형태는 '가볍다'예요. 원래 'ㅂ' 받침이 있었지만 읽기에 편하도록 받침을 빼고 '-이'를 덧붙였지요. '너그러이'는 '너그럽다', '외로이'는 '외롭다'가 원래 형태였으니 이렇게 본말에 'ㅂ' 받침이 있는 단어들은 '이'로 끝난다는 걸 기억해 두세요. '이'로 끝나는 낱말만 정확하게 기억하고 있으면 나머지는 대부분 '히'로 써도 되겠지요.

1. **다음 낱말 중 바로 쓴 표현에 동그라미표를 해 주세요.**

    ❶ 점잖고 무게 있는 행동. (의젓이 / 의젓히)

    ❷ 몸이나 마음이 편하지 않고 고통스럽게. (괴로이 / 괴로히)

    ❸ '물건을 ○○○ 쌓았다.'에 알맞은 말은? (수북이 / 수북히)

    ❹ 단단한 마음으로 굳게. (굳히 / 굳이)

    ❺ 서두르지 않고 여유있는 행동. (느긋히 / 느긋이)

    ❻ '모든 집마다'와 같은 뜻을 가진 말. (집집이 / 집집히)

    ❼ 위치가 꽤 낮게. 또는 소리가 꽤 낮게. (나직히 / 나직이)

    ❽ 여러 모로 깊이 생각하는 모양. (곰곰이 / 곰곰히)

    ❾ 마음에 거슬림이 없이 흐뭇하고 기쁘게. (즐거히 / 즐거이)

    ❿ '매일매일'의 다른 말. (날날이 / 나날이 / 나날히)

2. **다음 문장을 읽고 바르게 따라 써 보세요.**

    ❶ 집 <u>가까이</u>에서 놀도록 해라.

    ❷ 날씨가 따뜻해서인지 김치가 <u>쉬이</u> 쉰다.

    ❸ 이 잡지는 <u>다달이</u> 온다.

    ❹ <u>틈틈이</u> 운동을 해야겠다.

    ❺ 내가 올 때마다 <u>번듯이</u> 누워 있더라.

    ❻ <u>번번이</u> 약속을 안 지켜서 <u>많이</u> 실망했다.

    ❼ <u>굳이</u> 그렇게 <u>실없이</u> 웃어야겠니.

    ❽ <u>알알이</u> 잘 여문 포도알이 터질세라 상자에 <u>고이</u> 담았다.

❾ 그 사건은 <u>대수로이</u> 생각할 일 아니니 <u>곰곰이</u> 생각할 필요 없다.

❿ 강아지가 <u>납작이</u> 엎드리더니 이빨을 <u>날카로이</u> 드러냈다.

'히'로 끝나는 낱말	'이'로 소리 나는 낱말을 제외한 낱말.
	끝 글자가 '이'나 '히'로 소리 나는 낱말은 모두 '히'로 적는다.

👉 자주 쓰는 글자 중에 '극히', '급히', '딱히', '속히', '족히', '특히', '엄격히', '정확히', '꼼꼼히', '열심히', '솔직히', '쓸쓸히' 같은 낱말은 모두 '히'로만 끝나니 기억해 두세요. 억지로 외우려고 하지 말고 자연스럽게 소리 내어 읽으면서 모양을 눈으로 익히면 쉽게 구별하여 적을 수 있을 거예요.

1. **다음 낱말 중 바로 쓴 표현에 동그라미표를 해 주세요.**

   ❶ 조용하고 잠잠하게. (고요이 / 고요히)

   ❷ 결단성이 있고 용감한 행동을 가리키는 말. (과감히 / 과감이)

   ❸ 어떤 일에 온 정성을 다하여 골똘하게. (열심히 / 열심이)

   ❹ 간단하고 편리하게. (간편이 / 간편히)

   ❺ 'ㅇㅇㅇ 마주 보다.'에 알맞은 말은? (다정히 / 다정이)

   ❻ 어느 쪽으로도 치우치지 않고 고르게. (공평이 / 공평히)

   ❼ '쉿. ㅇㅇㅇ 해라.'에 알맞은 말은? (조용이 / 조용히)

❽ '신문을 ○○○ 읽다.'에 알맞은 말은? (꼼꼼이 / 꼼꼼히)

❾ 여럿이 줄지어 늘어선 모양이 가지런한 상태로. (나란히 / 나란이)

❿ 외롭고 적적하게. (쓸쓸히 / 쓸쓸이)

2. 다음 문장을 읽고 바르게 따라 써 보세요.

❶ 이 정도면 상당히 좋은 성적이다.

❷ 내가 분명히 들었어.

❸ 신선은 홀연히 안개 속으로 사라졌다.

❹ 어디가 아픈지 확실히 말해 주세요.

❺ 선생님께 공손히 대답해야지.

❻ 속히 읽어야 할 책이 족히 다섯 권은 된다.

❼ 솔직히 말해서 이건 극히 드문 일이야.

❽ 도저히 가만히 있을 수가 없다.

❾ 주위를 유심히 살피고 각별히 조심하도록 해.

❿ 과감히 직장을 그만두고 홀가분히 서울을 떠났다.

8 우리들의 진짜 일기장

나는 스스로 예나에게 잘못을 고백하고 용서받기로 엄마, 아빠와 약속했어.

하지만 다음 날, 막상 예나의 얼굴을 보니까 입이 떨어지질 않았어.

하루 종일 예나 곁을 맴돌다 그만 포기했지.

나는 집에 돌아와 새 공책을 하나 꺼냈어.

그리고 새 공책에 새 일기를 쓰기 시작했지.

이건 검사받는 일기가 아니야.

나 혼자서만 쓰는 비밀 일기지.

그러니까 솔직한 내 마음을 모두 담을 수 있어.

'그런데 무슨 이야기부터 하지?'

그래. 나는 예나의 일기장을 훔치게 된 날의 이야기부터 하기로 했어.

4월 19일 금요일 날씨 맑음

제목: 예나야, 미안해.

배가 아파서 화장실에 갔다오는데 교탁 위에 예나의 일기장이 보였다. 나는 나도 모르게 일기장을 가방에 넣었다. 왜냐하면 일기를 읽어보면 예나의 약점을 알 수 있을 것 같았기 때문이다. 예나는 맨날 나를 놀린다. 그래서 나도 예나를 놀릴 거리를 찾고 싶었다. 그런데 예나는 일기를 몹시 잘 써서 선생님한테 칭찬만 받았다. 나는 예나가 부러웠다. 그래서 예나의 잘 쓴 일기를 베껴서 일기숙제를 하기 시작했다. 예나가 알면 정말 화가 날 거다. 내 일기를 누군가 보는 것도 싫은데 베껴 쓰기까지 하다니 말이다. 예나는 아마 날 용서해 주지 않을 거다. 예나야, 정말 미안해. 내가 잘못했어.

4월 20일 토요일 날씨 맑음

제목: 썩은 고구마

오늘도 예나에게 고백하지 못했다.
나는 바보 멍청이다.
썩은 고구마같은 사람이다.
며칠 전엔 내가 잘 돌봐주지 못해서
고구마도 죽어 버렸다. 불쌍한 고구마.
싹도 못 틔우고 썩어 버렸다.
진짜 잘 키우고 싶었는데.
나는 사고뭉치다.
예나가 마음을 풀어 줬으면 좋겠다.
그럼 정말 좋을 것 같다.

테오의 일기

4월 21일 일요일 날씨 내 마음처럼 흐림

제목: 양파 키우기

양파도 페트병 화분에 키우면 쑥쑥 자란다고 했다. 엄마는 "지난번 고구마처럼 썩히려고 그러니?" 하면서 반대했다.
나는 정말로 잘 키울 수 있는데.
그런데 아빠가 퇴근하면서 양파를 한 망이나 사왔다.
엄마는 "그걸 다 어떻게 먹어!" 하면서 놀랐지만 나는 신이 났다.
페트병 화분을 세 개나 만들어서 양파 세 개를 심고 남은 양파로 자장밥을 해 먹었다. 무척 맛있었다.
얼마나 기다려야 양파에서 싹이 날까? 하루하루 열심히 관찰해야겠다.
예나에게 양파도 싹이 난다고 알려주면 좋을 텐데.

테오의 일기

4월 22일 월요일 날씨 천둥 번개 치고 소나기

제목: 비

비가 아주 많이 왔다.
꼭 내 마음처럼 자꾸만 비가 왔다.
그래서 축구도 못하고 뛰어 놀지도 못했다.
준호가 눈이 새빨개져서 왔다.
눈병에 걸렸다고 했다.
하지만 나는 놀리지 않았다.
준호는 눈병이 나서 눈이 너무 아프다고 했다.
눈곱이 생기고 자꾸 가만히 있어도 눈물이 난다고 했다.
저번에 예나가 눈병에 걸렸을 때
마녀라고 놀린 것이 정말 미안하다.
예나도 많이 아팠을 텐데.

4월 23일 화요일 날씨맑음

제목: 영어 시험

영어 시험에서 처음으로 50점을 받았다.
또 한글을 틀렸다.
하지만 만날 빵점만 맞다가 50점을
맞으니까 기분이 참 좋았다.
몰래 보니까 예나는 100점이었다.
예나는 영어도 잘하고 우리말도 잘하나보다.

4월 24일 수요일 날씨 맑음

제목: 잃어버린 지우개

지우개를 잃어버렸다.
받아쓰기 시험을 보는데 지우개가 없어서
틀린 답을 지우지도 못하고 쩔쩔 매고 있는데
예나가 지우개를 내 쪽으로 슬쩍 밀었다.
얼른 지우개를 쓰고 제자리에 놓는데
예나가 뭐라고 안 했다.
예나는 나 쓰라고 지우개를 밀어 준 걸까?
에이. 아니겠지?

4월 25일 목요일 날씨 흐림

제목: 내일은 고백할 거야.

마음을 먹었다.
내일 예나에게 내 잘못을 고백하기로 말이다.
어떻게 말하면 좋을까 생각하다가
번뜩 좋은 생각이 났다.
나의 마음을 솔직하게 적은 이 일기장을
예나에게 줄 거다.
예나가 읽는다고 생각하면 창피하지만
내가 예나의 일기를 일곱 개 봤으니까
예나도 내 일기를 일곱 개 보면
공평하지 않을까?
이 일기장에 담긴 내 마음이 예나에게
전해졌으면 좋겠다.
화를 내면 어떡하지?
마음이 조마조마하다.

그렇게 나는 하루에 하나씩, 총 일곱 개의 일기를 쓴 다음 8일째 되는 날 일기장을 가지고 학교에 갔어.

"예나야. 이거 받아 줘."

"흥. 이게 뭐야?"

예나가 새침하게 되물었어.

"내가 일주일 동안 쓴 일곱 개의 일기인데 너한테 보여 주려고 가져왔어."

"내가 왜 네 일기를 봐?"

"저기 그게……."

내 목소리는 점점 작아졌지.

"흥. 누가 네 일기 보고 싶대?"

"부탁이야. 너에게 하고 싶은 말을 이 일기장에 모두 담았으니까 꼭 읽어 줘."

예나는 결국 못 이긴 척 일기장을 가방 안에 넣었어.

다음 날, 나는 조마조마한 마음으로 학교에 갔어. 예나는 내 일기를 읽고 화가 많이 났을 거야. 그래서 학교에 오자마자 반 아이들에게 내가 한 나쁜 짓을 모조리 말해 버렸겠지?

"예나 일기장을 훔친 게 너라며?"

"김테오 어쩜 그런 짓을 할 수 있니?"

교실에 들어서자마자 여자애들의 놀림이 시작될 거라 생각했어.

어라?

하지만 교실 안은 어제와 똑같았어. 아무도 나한테 관심 갖지 않았고 누구도 날 놀리거나 힐끔거리지도 않았어.

대체 어떻게 된 일일까? 예나는 선생님과 친구들에게 내가 한 짓을 이야기하지 않은 걸까?

나는 자리에 앉아서 예나의 눈치를 살폈어.

예나는 내 쪽은 쳐다보지도 않았지.

"네 일기장 몰래 훔쳐서 베낀 거……, 애들한테 말 안 해줘서 고마워."

"흥. 상관없어! 그건 내 진짜 일기장도 아니니까!"

"진짜 일기장이 아니라구?"

"어쨌든 앞으로 너랑 말하지 않을 거야. 여기 넘어오기만 해 봐!"

역시 예나는 단단히 삐친 것 같았어.

그런데 그게 진짜 일기장이 아니라니 그건 무슨 뜻일까? 예나도 나처럼 일기장이 두 개라는 뜻일까?

그로부터 일주일이 지났어.

"테오 어디 아프니? 얼굴이 새하야네."

선생님이 숙제 검사를 하다 말고 내 이마에 손을 짚으셨어.

"열은 없는데 이상하구나."

열도 없고 배도 안 아픈데 이상하게 자꾸만 기운이 빠졌어. 밤에 잠도 잘 안 오고 입맛도 없었지.

아마 예나 때문인가 봐.

예나는 진짜로 내 쪽으로는 고개도 돌리지 않았어. 복도에서 마주쳐도 팽, 고개를 돌려 버렸지. 아무래도 단단히 화가 났나 봐.

집에 돌아온 나는 일기장을 펴고 나도 모르게 고민을 털어놓기 시작했어.

5월 2일 목요일 날씨 맑음

제목: 선생님 잘못했어요.

선생님. 얼마 전에 예나의 일기장이 없어진 건 사실 제가 가져갔기 때문이에요. 예나의 일기장을 보고 예나를 놀릴 거리를 찾으려던 거예요. 그런데 예나의 일기장을 보다가 그만 일기를 베껴 쓰고 말았어요. 예나에게 미안한 마음에 고백을 했는데 예나는 제 사과를 받아 주지 않아요. 그래서 공부도 하기싫고 밥도 먹기 싫어요. 어떻게 하면 저를 용서할까요? 선생님. 저를 혼내셔도 돼요. 잘못을 했으면 벌을 달게 받아야 한다고 엄마가 그러셨거든요.

다 쓰고 나니까 마음이 조금 후련해졌어. 사람들이 왜 일기를 쓰는지 알 것 같았지.

다음 날 선생님은 일기보다 더 긴 편지를 써 주셨어.

요 며칠 훌륭했던 테오의 일기에 그런 비밀이 숨겨져 있었구나.

예나의 일기를 말도 없이 가져간 것은 분명히 잘못한 일이란다. 선생님도 혼을 내고 싶어. 하지만 테오 네가 깊이 반성하고 있는 점, 이미 예나에게 용서를 구한 점, 부모님께도 크게 혼난 점을 인정해서 선생님까지 혼을 내지 않아도 될 것 같구나. 누구나 실수를 한단다. 하지만 그 실수를 반성하고 앞으로의 교훈으로 삼는다면 오히려 좋은 결과를 낳게 될 거야. 이번 일을 통해 좀 더 성숙해진 우리 테오가 앞으로 훌륭한 사람이 될 거라 선생님은 믿는단다.

참, 이건 비밀인데 예나의 일기장을 보니 예나가 키우는 고구마에 잎이 많이 자랐다더구나.

선생님은 일기장을 돌려주시면서 환하게 웃으셨어. 나는 꼭 선생님과 같은 비밀을 나눈 것 같아 기분이 조금 나아졌지.

그때 오늘의 일기 검사를 마친 선생님이 모두에게 말했어.

"여러분, 오늘은 선생님이 중대 발표할 것이 있어요."

'중대 발표라고?'

나도 모르게 침을 꼴깍 삼켰어.

"모두 테오를 보세요. 테오는 예나의 일기를 훔쳐서 몰래 베껴 쓴 나쁜 어린이예요. 테오에게 어떤 무시무시한 벌을 내려야 할까요?"

심장이 마구 뛰었어.

나는 고개를 절레절레 흔들었지. 그래, 맞아. 이건 나의 상상이야. 나는 이런 일이 벌어지지 않기를 바라며 선생님을 간절히 쳐다봤어.

"모두들 두 달이라는 시간 동안 일기 쓰느라 고생 많았어요. 내일부터 선생님은 일기장 검사를 하지 않기로 했어요."

"네? 그게 정말이에요?"

모두들 깜짝 놀라 되물었어.

앞으로는 일기 검사를 받지 않아도 된다고? 가장 놀란 건 아마 나였을 거야.

"정말이랍니다. 이제 모두들 일기를 왜 써야 하는지, 일기는 어떻게 쓰는 것인지 알게 된 것 같아요. 그러니 내일부터는 일기를 쓰지 않아도 좋아요."

'와' 일제히 환호성을 질렀어.

나도 환호성을 지르려다 말고 생각했지. 어라? 그럼 양파 관찰 일기는 어디에 쓰지?

"하지만 선생님이 쓰지 말라고 하는 일기는 바로 '숙제 검사용 일기'예요. 앞으로 선생님한테 보여 주는 일기는 안 써도 되지만, 스스로를 위한 일기는 꼭 써야 해요. 진짜 일기답게, 즐거운 마음으로! 알겠지요?"

"에이~."

아이들은 다시 실망한 표정이었어. 하지만 숙제 검사가 없다면 스스로를 위한 일기를 쓰는지 안 쓰는지 선생님은 어차피 모르시는 것 아냐?

쉬는 시간에 아이들은 이제 일기를 쓰지 않을 거라고 했어. 잔뜩 신이 난 표정으로 말이야.

그렇지만 나는 검사를 하지 않더라도 매일 일기를 쓰기로 결심했어. 아직 양파 관찰 일기도 더 써야 하고, 예나에게 하고 싶은 말도 남았으니까…….

집으로 돌아오는데 예나가 앞서 걸어가는 게 보였어.

나는 용기를 내서 다가갔어.

"예나야!"

"왜?"

여전히 퉁명스러운 목소리였어.

"네가 키우는 고구마 말이야. 잎이 많이 열렸겠다. 그지?"

"응. 아주 많이 열렸어. …… 흥! 그래서 뭐!"

예나는 순간 반가운 표정으로 대답하더니 다시 팩 토라져서 가 버렸어.

"어휴…….."

나는 예나의 뒷모습을 보며 머리를 긁적였지.

집에 오니까 엄마가 통화를 하고 있었어.

보나마나 예나네 엄마일 거야. 나랑 예나는 사이가 나빠졌지만 엄마랑 예나 엄마는 전보다 더 친해진 것 같아.

"어머. 테오 왔구나? 예나 엄마. 그럼 자세한 얘기는 이따가 해요."

얼마나 오래 통화를 했는지 엄마의 한쪽 볼이 빨간데 자세한 이야기는 이따가 하자니. 엄마들은 무슨 할 얘기가 그렇게 많을까?

"배고파!"

"간식 챙겨 줄게. 그런데 말이다. 호호."

엄마는 기분 좋은 일이라도 있는지 자꾸 웃었어.

"세상에 글쎄……."

"무슨 일인데?"

"예나가 학교에 검사받는 일기장 말고 일기장이 하나 더 있다는데……."

검사받는 일기장 말고 다른 일기장?

"거기에 테오 네 얘기가 빼곡하단다. 호호."

일기장에 내 얘기가 빼곡하다고? 예나가 지난번에 말한 '진짜 일기장'인가?

"예나네 엄마가 슬쩍 보니까 예나가 널……."

"나를 뭐?"

나는 궁금해 죽겠는데 엄마는 자꾸 호호거리잖아.

내 무릎에 피가 나는 것도 아닌데 왜 자꾸 호호거리냐고 따지려는데,

"예나가 우리 테오를 많이 좋아하나 봐."

뭐? 예나가 나를 좋아한다고? 나는 꼭 뒤통수를 얻어맞은 거 같았어. 그런데 왜 맨날 내 흉을, 설마……. 설마 나를 좋아해서 내 이야기를 엄마한테 고자질하듯 한 거야?

이럴 수가.

"어머, 우리 테오. 이마에 열이 있니? 왜 갑자기 얼굴이 빨개졌어."

"빨개지기는 뭐가……."

어라? 말도 잘 안 나오잖아.

"어, 엄마가 남의 일기장은 함부로 보면 안 된다고 했잖아요! 아무리 엄마라도 딸 일기를 함부로 보는 게 어디 있어요!"

"어머나, 애 좀 봐. 엄마가 남이니!"

예나는 엄마가 자기의 일기장을 몰래 훔쳐보고 있다는 걸 알까? 아마 모를 거야.

"따르릉 따르릉."

그때 전화벨이 울렸어.

"여보세요? 어머, 예나구나. 우리 테오 바꿔 줄까?"

엄마가 나한테 전화를 바꿔 주면서 눈을 찡긋했어. 나는 얼른 수화기를 건네 받았지.

"여보세요?"

"나 예나야. ……우리 집에 고구마 잎 보러 올래?"

"진짜?"

"응! 그런데 우리 엄마가 그러는데 고구마 꽃은 잘 피지 않는대."

"에이. 실망이다."

"그럼 구경 안 올 거야?"

"아니야! 갈 거다 뭐!"

나는 얼른 수화기를 내려놓고 후다닥 신발을 신었어.

"간식 안 먹고 어디 가니?"

"고구마 보러요!"

열심히 뛰는데도 예나네 집이 멀게만 느껴졌어.

얼른 보고 싶은데 말이야. 파란 잎이 활짝 피어난 고구마가!

예나의 비밀 일기

3월 5일 화요일 날씨맑음

제목: 내 짝꿍 테오

테오라는 애와 짝꿍이 되었다.
집에 와서 엄마한테 테오와 짝꿍이 되었다고 자랑을 했다.
이제 학교 가기가 즐거워질 것 같다.

3월 11일 월요일 날씨 맑음

제목: 잊지 못할 장기 자랑

테오는 영국에서 와서 영어를 진짜 잘한다.
오늘 장기 자랑 시간에 영어로 된 노래를 불렀는데 정말 멋있었다.
하지만 반 아이들은 잘난 척을 한다고 했다.
잘났으니 잘난 척을 하는 것이 당연하지.
테오에게 노래 제목이 뭐냐고 물어보고 싶었지만 용기가 없었다.
오늘 장기 자랑을 영원히 못 잊을 것 같다.

예나의 비밀 일기

3월 13일 수요일 날씨 비가 많이 옴

제목: 바보 김테오

오늘은 정말 화가 많이 났다.
눈병에 걸려서 아픈데 호동이가 날 마녀라고 놀렸다.
그런데 테오가 호동이를 말리지는 않고 같이 큭큭 웃었다.
나는 이제 다시는 테오와 놀지 않을 거다.
평생 테오를 미워할 거야. 흥!
김테오 바보 메주 설사 똥!

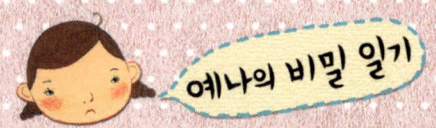

4월 18일 목요일 날씨 맑음

깜박하고 찰흙을 안 가져갔다.
'어떡해!' 하고 놀라니까 김호동이 또 놀렸다.
그런데 김테오는 호동이가 놀리는 것을 보고도
또 가만히 있었다.
화가 나서 호동이의 머리를 잡아당겨 버렸다.
그래도 화가 안 풀렸다.
그래서 김테오가 주는 찰흙도 다시 던져 버렸다.
다시는 김테오랑 말 안 해! 흥!

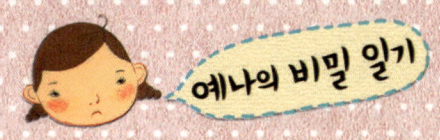

4월 26일 금요일 날씨 맑음

테오가 나에게 자기가 쓴 일기장을
읽어 보라면서 줬다. 책가방 안에 테오의
일기장이 들어 있으니까 수업 시간에
아무 소리도 안 들렸다.
일기장 안에 무엇이 적혀 있을까 궁금해서
계속 가슴이 콩닥콩닥 했다.
집에 오자마자 얼른 일기장을 열어 봤다.
그런데 내 일기장을 가져간 게 테오라고 했다.
미안하다고 용서해 달라고 했다.
내 일기장을 김테오가 모두 보다니!
얼굴이 뜨끈뜨끈해졌다.
창피해서 쥐구멍에 숨고 싶었다.

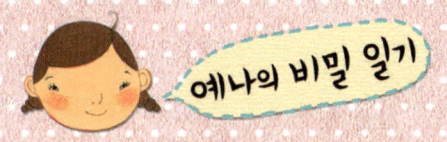

4월 29일 월요일 날씨 맑음

테오가 한 번 더 미안하다고 사과를 했다.
테오가 내 일기장을 다 봤다는 생각에 창피해서
테오의 얼굴을 볼 수가 없었다.
그래서 용서해 주기 싫다고 했다.
하지만 학교가 끝나자 마음이 바뀌어서
사과를 받아 줄까 싶었다. 그런데 김테오는 세리랑
무슨 얘기를 하면서 큭큭거리면서 같이 집에 가 버렸다.
흥! 김테오가 사과를 백 번 한다고 해도
나는 절대로 사과를 받아 주지 않을 것이다.

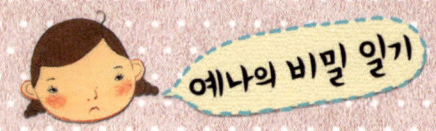

4월 30일 화요일 날씨 비옴

고구마를 보니까 테오 생각이 났다.
테오네 고구마는 썩어 버렸다고 했다.
테오의 일기장을 다시 읽어 보니까 테오가 좀
불쌍했다. 테오도 고구마 잎이 자란 걸
보고 싶을 텐데.

5월 2일 목요일 날씨 맑음

선생님이 이제 일기를 쓰지 않아도 된다고 해서
너무 좋지만 나는 그래도 매일 일기를 쓸 거다.
집에 오는데 김테오가 말을 걸어서
고구마 잎은 많이 자랐느냐고 물었다.
그래서 나도 모르게 그만 그렇다고 해버렸다.
치. 아직 화가 다 풀린 것도 아닌데.
그래도 이 일기를 다 쓰고 나면
테오에게 전화를 걸어야겠다.
고구마 잎을 보러 놀러오라고 말이다.
그런데 테오가 싫다고 하면 어쩌지?
또 가슴이 콩닥콩닥거린다.

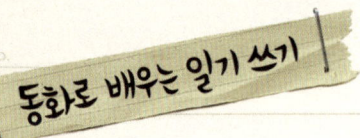

다양한 일기 쓰기

　테오는 일기에 자신의 마음을 담아 예나에게 선물했어. 예나에게 테오의 진심이 잘 전해진 것 같지? 테오네 학교는 곧 여름방학이야. 쉿! 이건 비밀인데 테오와 예나는 편지일기와 여행일기를 써서 보람찬 방학을 보내기로 서로 약속했대.

편지일기

　보고 싶은 사람에게 소식을 전할 때 우리는 편지를 이용해. 이렇게 편지글 형식으로 쓰는 일기를 편지일기라고 한단다.

7월 30일 수요일　　날씨 : 햇볕이 쨍쨍

제목 : 보고 싶은 예나에게 　← 누구에게 편지를 쓸 것인지 가장 먼저 정해요.

예나야, 안녕? ← 처음 부분에는 인사말을 적어요.
날씨가 너무 더워.
시골 사촌형 집에 온 지도 벌써 일주일이 지났어.
나는 여기서 지내고 있어.
계곡에서 물놀이도 하고 버스 타고 마을 도서관도 가고 밤에는
마당에서 시원한 수박을 잘라 먹어.
나는 아파트에만 살았는데 마당이 있는 여기가 정말 좋아. ← 중간 부분에는 받는 이에게 하고 싶은 말을 적어요.
마당에 뭉치라는 귀여운 강아지도 있는데 나를 무척 잘 따른단다.

가족들과 속초에 다녀왔다는 네 편지는 잘 받았어.
다음 주 수요일에 돌아가니까 그때 만나자. <- 끝 부분에는 끝인사를 적어요.
그럼 다시 만날 때까지 잘 지내.

여행일기

여행일기는 여행하면서 겪은 일들을 쓴 일기야. 기행일기라고도 해.

8월 2일 수요일 | 날씨: 햇볕이 쨍쨍

제목: 속초 여행

우리 가족은 오늘 속초에 놀러 갔다 왔다. <- 언제, 어디에 가서 무엇을 했나요? 여행일기에 이 세 가지는 반드시 들어가야 해요.
"여름휴가를 맞이해서 놀러 가는 거야."라고 아빠가 말씀하셨다.
그런데 차가 너무 막혀서 고속도로가 주차장 같았다.
속초 해수욕장에 가서 물놀이를 하고
설악산에 가서 케이블카를 탔다. <- 여행일기는 시간 순서대로 써요.
동생은 높이 올라가니까 무서워서 눈을 꾹 감았다.
하지만 나는 씩씩하게 잘 탔다.
공기가 참 맑고 산 높이 올라오니까 덥지도 않았다.
그 다음엔 시장에 가서 물고기 구경을 했다.
횟집에서 회도 먹고 매운탕도 먹었다.
최고로 재미있었던 여행이었다.

<- 끝 부분에는 여행에서 느낀 점을 써요.

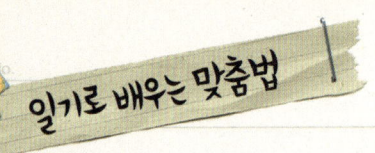 일기로 배우는 맞춤법

약속으로 정한 낱말들을 기억해요

두 개의 단어가 만나 하나의 단어가 될 때 두 단어 사이에 'ㅅ'이 붙기도 해. 이를 사이시옷이라고 해. 예를 들어 '바다'와 '속'이 만나 한 단어가 되었을 때 사이시옷을 붙여 '바닷속'이라고 쓰지. 어떤 경우에 사이시옷을 써야 하는지 알아보고 바르게 읽고 쓰는 연습을 해 보자. 이렇게 약속으로 정한 몇 가지 경우를 더 익히면서 자칫 틀리기 쉬웠던 부분까지 꼼꼼하게 확인해 볼까?

사이시옷을 붙여야 하는 낱말	앞글자가 모음으로 끝나고, 뒷글자의 첫소리가 'ㄱ, ㄷ, ㅂ, ㅅ, ㅈ'으로 시작할 때 뒷글자의 첫소리가 된소리로 나는 경우. 예 빗소리[비쏘리], 외갓집[외가찝]
	앞글자가 모음으로 끝나고 뒷글자의 첫소리가 'ㄴ, ㅁ'일 때 앞글자에 'ㄴ' 소리가 덧붙여 소리 나는 경우. 예 아랫니[아랜니], 수돗물[수돈물]
	뒷글자의 첫소리가 모음일 때, 앞글자와 뒷글자에 'ㄴ' 소리가 연달아 소리되는 경우. 예 깻잎[깬닙], 윗입술[윈닙쑬]

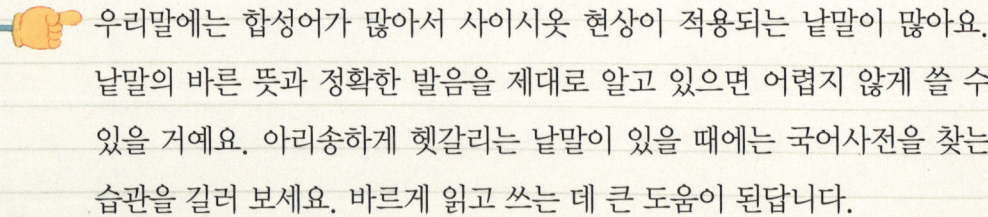 우리말에는 합성어가 많아서 사이시옷 현상이 적용되는 낱말이 많아요. 낱말의 바른 뜻과 정확한 발음을 제대로 알고 있으면 어렵지 않게 쓸 수 있을 거예요. 아리송하게 헷갈리는 낱말이 있을 때에는 국어사전을 찾는 습관을 길러 보세요. 바르게 읽고 쓰는 데 큰 도움이 된답니다.

1. 다음 낱말 중 바로 쓴 표현에 동그라미표를 해 주세요.

   ❶ 고기를 넣어 끓인 국. (고기국 / 고깃국)

   ❷ 기차가 다니는 길. (기찻길 / 기차길)

   ❸ 'ㅇㅇㅇ이 복잡하다.'에 알맞은 말은? (머릿속 / 머리속)

   ❹ 이사할 때 이사갈 집으로 옮기는 짐. (이사짐 / 이삿짐)

   ❺ 건너편에 있는 마을. (건너마을 / 건넛마을)

   ❻ 식물의 줄기 등에 모여서 진을 빨아먹는 해충. (진디물 / 진딧물 / 진딘물)

   ❼ 어떤 것을 표지하기 위하여 세우는 말뚝. (표말 / 푠말 / 푯말)

   ❽ 말을 하는 상대가 없이 혼자서 하는 말. (혼잣말 / 혼자말 / 혼잔말)

   ❾ 나무의 잎. (나뭇잎 / 나무잎 / 나문닢)

   ❿ 보통 흔히 있는 일. (예삿일 / 예사일)

2. 다음 문장을 읽고 바르게 따라 써 보세요.

   ❶ 바닷가 앞에 있는 가겟집에 다녀오너라.

   ❷ 샛길 오른편에 있는 부잣집에 산대요.

   ❸ 양 볼이 붉은 장밋빛으로 물들었다.

   ❹ 촛농이 뚝뚝 떨어진다.

   ❺ 나뭇가지가 햇살을 받아 반짝인다.

   ❻ 외갓집 마당에서 맷돌에 녹두를 곱게 갈았다.

   ❼ 읽던 책을 베갯머리에 놓고 잠이 들었다.

   ❽ 방앗간에서 하는 허드렛일도 마다하지 않았다.

   ❾ 냇물에 발을 담그고 콧노래를 흥얼거렸다.

❿ <u>칫솔</u>에 치약을 묻혀 <u>아랫니 윗니</u> 깨끗이 닦았다.

> 아래·위를 구분해야 하는 말은 '윗-'으로 통일합니다. 예 윗니, 윗도리
> 그렇지 않은 경우는 '웃-'으로 적습니다. 예 웃돈, 웃어른
> 단, 뒤에 된소리나 거센소리가 오면 '위'로 적습니다. 예 위턱, 위층

> 암수를 구별하는 말 중 수컷은 '수'로 통일합니다. 예 수소, 수꿩
> 단, 뒤에 거센소리가 오면 소리 나는 대로 적습니다. 예 수탉, 수캐, 수평아리
> 또한 '양, 염소, 쥐'는 '숫'으로 적습니다. 예 숫양, 숫염소, 숫쥐

알아두면 좋은 바른 표현	설렘 (O) / 설레임 (X)
	깡충깡충 (O) / 깡총깡총 (X)
	바람 (O) / 바램 (X)
	주십시오. (O) / 주십시요. (X)
	누러네 (O) / 누렇네 (X)
	설거지 (O) / 설겆이 (X)
	눈곱 (O) / 눈꼽 (X)
	끼어들다 (O) / 끼여들다 (X)
	나는 (O) / 날으는 (X)
	해님 (O) / 햇님 (X)
	슈퍼마켓, 커피숍 (O) / 슈퍼마켙, 커피숖 (X)

1. 다음 낱말 중 바로 쓴 표현에 동그라미표를 해 주세요.

   ❶ 윗니가 흔들린다. / 웃니가 흔들린다.

❷ 윗어른을 공경하자. / 웃어른을 공경하자.

❸ 위층에서 물이 샌다. / 윗층에서 물이 샌다.

❹ 윗몸일으키기 / 웃몸일으키기 / 위몸일으키기

❺ 수탉이 운다. / 숫닭이 운다. / 수닭이 운다.

❻ 설겆이를 마쳤다. / 설거지를 마쳤다.

❼ 눈병이 나서 눈꼽이 낀다. / 눈병이 나서 눈곱이 낀다.

❽ 불쑥 끼여들다. / 불쑥 끼어들다.

❾ 해님이 방긋 웃다. / 햇님이 방긋 웃다.

❿ 슈퍼마켓에서 사왔어. / 슈퍼마켙에서 사왔어.

2. **다음 문장을 읽고 바르게 따라 써 보세요.**

❶ <u>아랫집</u>과 <u>윗집</u>이 함께 사용하는 주차장.

❷ <u>수퇘지</u>를 몰고 왔다.

❸ 내가 <u>바라는</u> 건 하늘을 <u>나는</u> 자동차를 만드는 거야.

❹ 꼬마의 마음속은 어떤 선물을 받을지 <u>설렘</u>으로 가득했다.

❺ <u>윗니</u>에서 피도 나고 이도 <u>누러네.</u>

❻ 나의 <u>바람대로</u> 꼭 눈이 왔으면 좋겠어.

❼ <u>설거지</u>하다가 <u>윗도리</u>가 다 젖었다.

❽ 강아지가 하늘을 <u>나는</u> 나비를 쫓아 <u>깡충깡충</u> 뛰었다.

❾ <u>암평아리</u>인 줄 알았더니 <u>수놈</u>이 몇몇 섞여 있다.

❿ 이번 일에 <u>끼어들지</u> 말고 넘어가 <u>주십시오.</u>

일기로 배우는 맞춤법 정답

p22-23

1. 다음 낱말 중 바로 쓴 표현에 동그라미표를 해 주세요.

① 잠을 잘 때 머리에 베는 것. (배게 / **베개**)

② 내일의 다음 날. (모래 / **모레**)

③ 바다에서 사는 가장 커다란 포유류. (**고래** / 고레)

④ '이야기'를 줄여 쓴 말. (애기 / **얘기**)

⑤ 사람이 오르내리기 위해 만든 층대. (게단 / **계단**)

⑥ 봄, 여름, 가을, 겨울을 구분한 것. (**계절** / 걔절)

⑦ 순서 있게 구분한 것. (차래 / **차례**)

⑧ '이 아이들'이 줄어든 말. (에들 / **얘들** / 예들)

⑨ 김치를 넣고 끓인 음식. (**김치찌개** / 김치찌게 / 김치찌계)

⑩ 정해진 때가 되기 전에 미리 사는 것. (애매 / 예메 / **예매** / 얘매)

p24

1. 다음 낱말들 중 바로 쓴 표현에 동그라미표를 해 주세요.

① 그림을 그릴 때 쓰는 종이. (도하지 / **도화지**)

② 불을 끄는 기구. (**소화기** / 소하기)

③ '보아요'를 줄여 쓴 말. (**봐요** / 바요)

④ 모양, 생김새, 행동 등이 마음에 들지 않다. (**미워하다** / 미어하다)

⑤ '나누어'를 줄여 쓴 말. (나너 / **나눠**)

❻ 돌리거나 굴리려고 둥글게 만든 물건. (바퀴 / 바키)

❼ 환자를 진찰하고 치료하는 곳. (병언 / 병원)

❽ '바꾸이다'를 줄여 쓴 말. (바끼다 / 바뀌다)

❾ 분명하지 못하고 어렴풋하다. (히미하다 / 휘미하다 / 희미하다)

❿ 글을 쓸 때 각 낱말을 띄어 쓰는 일. (뛰어쓰기 / 띠어쓰기 / 띄어쓰기)

p26

1. 다음 낱말들 중 바로 쓴 표현에 동그라미표를 해 주세요.

❶ 어머니쪽의 집안을 가리키는 말. (외가 / 왜가)

❷ 오른쪽의 반대되는 말. (왠쪽 / 왼쪽)

❸ 주로 간장을 담근 뒤에 남은 건더기로 만든 장. (됀장 / 된장)

❹ 털실로 짠 상의. (스웨터 / 스왜터)

❺ 가장 높음. 또는 으뜸인 것. (최고 / 쵀고)

❻ 앞으로 할 일을 미리 헤아려 작정함. (계획 / 계획)

❼ 나무막대에 붙인 불. (햇불 / 횃불)

❽ 즐겁고 상쾌하다. (유쾨하다 / 유퀘하다 / 유쾌하다)

❾ 때릴 때에 쓰는 가는 나뭇가지. (훼초리 / 회초리 / 홰초리)

❿ 헐거나 깨뜨려 못 쓰게 만드는 일. (회손 / 훼손 / 홰손 / 휘손)

p43

1. 다음 낱말 중 바로 쓴 표현에 동그라미표를 해 주세요.

❶ 공중으로 날면서 오다. (나라오다 / 날아오다)

❷ 집을 떠나 가까운 곳에 다녀오는 것. (나들이 / 나드리)

❸ 작은 빛이 잠깐 나타났다가 사라지다. (반짜기다 / 반짝이다)

❹ 찢기어 갈라지다. (찌저지다 / 찢어지다)

❺ 해가 막 솟아오르는 때. (해도지 / 해돋이)

❻ 밥에 채소와 고기 등을 잘게 썰어 넣어 볶은 음식. (볶음밥 / 보끔밥)

❼ 아무렇게나 굴려도 일어서는 장난감. (오뚜기 / 오뚝이)

❽ 다른 짝이 없이 홀로만 있는 사람이나 물건. (외톨이 / 외토리 / 왜톨이)

❾ 틈이 있는 곳마다 모조리. 또는 빈틈없이 모조리. (사싸치 / 샅샅이 / 산사치)

❿ '색종이를 풀로 ○○○.'에 알맞은 말은? (부치다 / 붗이다 / 붙이다)

1. 다음 낱말 중 바로 쓴 표현에 동그라미표를 해 주세요.

❶ 머리카락이나 실 등을 엮어 한가닥으로 만들다. (따다 / 땋다)

❷ 서로 정답고 친하다. (사이조타 / 사이좋다)

❸ '아무러하게'가 줄어든 말. (아무렇게 / 아무러케)

❹ 상태, 모양, 성질 등이 그와 같다. (그렇다 / 그러타)

❺ 형제들 중 제일 큰 형. (맛형 / 맏형 / 맡형)

❻ 마음에 거짓이나 꾸밈이 없이 바르고 곧다. (정지카다 / 정직하다)

❼ 엿기름 우린 물에 쌀밥을 말아 차게 먹는 전통 음료. (식혜 / 시케 / 식해)

❽ '머리가 천장에 ○○.'에 알맞은 말은? (닫다 / 닿다 / 다타)

❾ 마음이 참고 기다릴 수 없을 만큼 조바심을 내다. (그파다 / 급하다)

❿ '이마에 땀방울이 ○○○.'에 알맞은 말은? (맺히다 / 매치다)

· p46 ·

1. 다음 낱말 중 바로 쓴 표현에 동그라미표를 해 주세요.

❶ 여러 형제, 자매 중에서 맨 나중에 난 사람. (망내 / 막내)

❷ 모자라지 않고 여유가 있다. (넉넉하다 / 넝너카다)

❸ 이를 제때에 뽑지 않아 포개어 난 이. (던니 / 덧니)

❹ 중생대 쥐라기와 백악기에 걸쳐 번성했던 거대한 파충류. (공뇽 / 공룡)

❺ 양손으로 줄의 끝을 잡고 그 줄을 뛰어넘는 운동. (줄넘기 / 줄럼기)

❻ 우리나라의 국가. (애국가 / 애국까)

❼ 술래가 숨은 사람을 찾는 놀이. (숨바꼭찔 / 숨바꼭질)

❽ 여럿이 정신이 어지럽도록 시끄럽게 떠들고 지껄이는 소리. (왁짜지껄 / 왁자지껄)

❾ 삼국 시대의 삼국 가운데 경주가 수도였던 나라. (신나 / 신라 / 실나)

❿ 설날에 먹는 음식. (떡꾹 / 떡국)

· p64-65 ·

1. 다음 낱말 중 바로 쓴 표현에 동그라미표를 해 주세요.

❶ 두께가 두껍지 아니하다. (얄다 / 얇다)

❷ '길다'의 반대말. (짧다 / 짭다)

❸ 어떤 대상을 디디거나 디디면서 걷다. (밟다 / 밥다)

❹ 여럿으로 나누어 가지는 각 부분. (몫 / 목)

❺ 위에 올려놓다. (얹다 / 언다)

❻ 단 한 곳으로만 트인 길. (외골 / 외곬)

❼ '수박 겉 ○○.'에 알맞은 말은? (핥기 / 할기)

❽ 사고파는 물건에 일정하게 매겨진 액수. (갑 / 값 / 갚)

❾ 설익은 감의 맛처럼 거세고 텁텁한 맛이 있다. (떱다 / 떨다 / 떫다)

❿ 불만을 길게 늘어놓으며 하소연하는 말. (넋두리 / 넉두리 / 넉뚜리)

· p66-67 ·

1. 다음 낱말 중 바로 쓴 표현에 동그라미표를 해 주세요.

❶ 질척질척하게 짓이겨진 흙. (진흙 / 진흑)

❷ '어둡다'의 반대말. (박다 / 밝다)

❸ '형에게 감기가 ○○.'에 알맞은 말은? (옴다 / 옮다)

❹ '시를 ○○.'에 알맞은 말은? (읖다 / 읊다 / 을다)

❺ 닭의 수컷. (수탁 / 수닭)

❻ 물에 넣고 끓이다. (삼다 / 삻다)

❼ 흙이 한데 모이거나 흙을 한데 모아 쌓은 더미. (흙더미 / 흑더미 / 흘덤이)

❽ 손톱이나 뾰족한 기구 따위로 바닥이나 거죽을 문지르다. (극다 / 긁다 / 글따)

❾ 산의 비탈이 끝나는 아랫부분. (산기슬 / 산기슥 / 산기슭)

❿ 아는 일. '알다'의 명사형. (앎 / 암)

· p68 ·

1. 다음 낱말 중 바로 쓴 표현에 동그라미표를 해 주세요.

❶ 병에 걸려 고통을 겪다. (앓다 / 알타)

❷ 마음에 들지 않다. (실타 / 싫다)

❸ 실, 줄, 끈 따위의 이어진 것을 잘라 따로 떨어지게 하다. (끈타 / 끊다)

❹ '무릎을 ○○.'에 알맞은 말은? (꿇다 / 꿀타)

❺ 마음에 들지 않고 괴롭거나 성가시다. (귀찮타 / 귀찮다)

❻ '연필을 ○○.'에 알맞은 말은? (깍다 / 깎다)

❼ 물고기를 잡는 데 쓰는 도구. (낙시 / 낚시 / 낚씨)

❽ 어렵거나 경험될 만한 일을 당하여 치르다. (겪다 / 격다 / 격따)

❾ '깨를 ○○.'에 알맞은 말은? (복다 / 복따 / 볶다)

❿ 남을 단단히 윽박질러서 혼을 내다. (닥달하다 / 닦달하다 / 달달하다)

p83

1. 다음 낱말 중 바로 쓴 표현에 동그라미표를 해 주세요.

❶ 앞집 꼬마는 개구장이이다. / 앞집 꼬마는 개구쟁이이다.

❷ 그 옹기장이는 솜씨가 무척 좋다. / 그 옹기쟁이는 솜씨가 무척 좋다.

❸ 손가락으로 북쪽을 가리켰다. / 손가락으로 북쪽을 가르쳤다.

❹ 운전은 언제 가르쳐 줄래? / 운전은 언제 가르켜 줄래?

❺ 이모가 아기를 낫어. / 이모가 아기를 낳았어.

❻ 이 구두는 굽이 낮다. / 이 구두는 굽이 낫다.

❼ 강원도는 얼마나 춥던지! / 강원도는 얼마나 춥든지!

❽ 네 얘기는 앞뒤가 달라. / 네 얘기는 앞뒤가 틀려.

❾ 몰라보게 달라졌네? / 몰라보게 틀려졌네?

❿ 먹고 싶지 안아요. / 먹고 싶지 않아요.

p85

1. 다음 낱말 중 바로 쓴 표현에 동그라미표를 해 주세요.

❶ 얼굴을 깊이 파묻고 울었다. / 얼굴을 깊이 파묻고 울었다.

❷ 친구로서 부족함이 없다. / 친구로써 부족함이 없다.

❸ 가는 길에 잠깐 들를래? / 가는 길에 잠깐 들릴래?

❹ 할머니 생일을 잃었다. / 할머니 생일을 잊었다.

❺ 가방 입구 좀 벌려 봐. / 가방 입구 좀 벌여 봐.

❻ 물감이 옷에 묻었어. / 물감이 옷에 뭍었어.

❼ 내가 네게 묻잖아. / 내가 네게 묻잖아.

❽ 쌀로써 떡을 만든다. / 쌀로서 떡을 만든다.

❾ 소리가 들르면 손을 드세요. / 소리가 들리면 손을 드세요.

❿ 공부가 안 되서 잠깐 쉬려고. / 공부가 안 돼서 잠깐 쉬려고.

p105

1. 다음 낱말 중 바로 쓴 표현에 동그라미표를 해 주세요.

❶ 편지는 학교로 부쳐 줘. / 편지는 학교로 붙여 줘.

❷ 콩고물을 묻힌 떡. / 콩고물을 무친 떡.

❸ 이곳에 보물이 묻혀 있어. / 이곳에 보물이 무쳐 있어.

❹ 달려오는 자전거에 부딪쳤다. / 달려오는 자전거에 부딪혔다.

❺ 두 손이 맞부딪쳐야 소리가 나지. / 두 손이 맞부딪혀야 소리가 나지.

❻ 신에게 제물을 바쳐야 안전하다. / 신에게 제물을 받혀야 안전하다.

❼ 투우사가 소뿔에 받혀 다쳤대. / 투우사가 소뿔에 바쳐 다쳤대.

❽ 운동화 끈을 단단하게 매야지. / 운동화 끈을 단단하게 메야지.

❾ 어깨에 맨 가방이 무겁다. / 어깨에 멘 가방이 무겁다.

❿ 집에 돌아오면 반듯이 손을 씻으렴. / 집에 돌아오면 반드시 손을 씻으렴.

☞ 부딪는 행위를 당한 경우라면 '부딪히다'가 맞고, 직접 부딪는 행위를 한 경우라면 '부딪치다'가 맞습니다. 그런데 때로는 두 가지 경우를 모두 허용할 때도 있기 때문에 그 의미를 정확히 파악해야 해요. ④번 문장은 달려오는 자전거에 부딪힘을 당했으니 '부딪히다'를 쓰는 게 맞지만 한편으로는 '부딪다'를 강조하려는 뜻을 전달하고 싶다면 '부딪쳤다'를 써도 괜찮아요. ⑤번 문장은 스스로 박수치는 행위를 해야 한다는 뜻이니 '부딪치다'가 더 적절하겠지요.

◆ p108 ◆

1. 다음 낱말 중 바로 쓴 표현에 동그라미표를 해 주세요.

❶ 마음을 조리며 기다렸다. / 마음을 졸이며 기다렸다.

❷ 거북이가 토끼보다 느리지. / 거북이가 토끼보다 늘리지.

❸ 커튼을 길게 늘이니 보기 좋네. / 커튼을 길게 느리니 보기 좋네.

❹ 재산을 늘릴 줄만 아는군. / 재산을 늘일 줄만 아는군.

❺ 바지를 더 주려야겠어요. / 바지를 더 졸여야겠어요.

❻ 보약 다리는 냄새. / 보약 달이는 냄새.

❼ 다리가 절여서 못 걷겠어. / 다리가 저려서 못 걷겠어.

❽ 배추를 소금물에 설이다. / 배추를 소금물에 저리다.

❾ 저 언덕 너머에 궁전이 있단다. / 저 언덕 넘어에 궁전이 있단다.

❿ 밭에 걸음을 주거라. / 밭에 거름을 주거라.

p126-127

1. 다음 낱말 중 바로 쓴 표현에 동그라미표를 해 주세요.

① '연필을 ○○.'에 알맞은 말은? (깎다 / 갈다)

② '안'의 반댓말은? (밖 / 박)

③ 날이 샐 무렵을 뜻하는 말은? (새벽녁 / 새벽녘)

④ 두 가지 이상의 것을 한데 합치다. (석다 / 섞다)

⑤ '이를 ○○.'에 알맞은 말은? (닦다 / 닥다)

⑥ '꽃을 ○○.'에 알맞은 말은? (겂다 / 꺾다)

⑦ 북쪽 땅. 혹은 분단된 한국의 북쪽 땅. (북녘땅 / 북녁땅)

⑧ '안과 밖'을 뜻하는 말은? (안팎 / 안팍)

⑨ 자음 'ㅋ'을 이르는 말은? (키역 / 키읔 / 키윽)

⑩ 물고기를 잡는 데 쓰는 작은 쇠갈고리 (낙시 / 낚시)

p128

1. 다음 낱말 중 바로 쓴 표현에 동그라미표를 해 주세요.

① 밀알을 떨고 난 밀의 줄기. (밀집 / 밀짚)

② '○○을 꿇었다.'에 알맞은 말은? (무릅 / 무릎)

③ '수풀'의 준말. (숩 / 숲)

④ 오른쪽이나 왼쪽의 면. 또는 그 근처. (옆 / 엽)

⑤ '○○도 제짝이 있다.'에 알맞은 말은? (집신 / 짚신)

⑥ '뚜껑'과 같은 말. (덮개 / 덥개)

⑦ 자음 'ㅍ'을 이르는 말은? (피읍 / 피읖 / 피읏)

❽ '될 성부른 나무는 ○○부터 알아본다.'에 알맞은 말은? (떡입 / 떡잎)

❾ 태백산맥을 넘어 영서 지방으로 부는 고온 건조한 바람. (높새바람 / 높새바람)

❿ 나뭇잎을 뜻하는 말. (입사귀 / 잎사기 / 잎사귀)

p129

1. 다음 낱말 중 바로 쓴 표현에 동그라미표를 해 주세요.

❶ '잘못을 ○○○.'에 알맞은 말은? (깨닷다 / 깨끗다)

❷ 해가 내리쬐는 뜨거운 기운. (햇볏 / 햇볕)

❸ 자음 'ㅅ'을 이르는 말은? (시옺 / 시옷)

❹ 마음에 흡족하도록. (마음껄 / 마음껏)

❺ 껍질을 벗기고 꼬챙이에 꿰어서 말린 감. (꽂감 / 곶감)

❻ 어색하고 서먹서먹하다. (낯설다 / 낫설다 / 낟설다)

❼ 바로 며칠 전. (엇그저께 / 얻그저께 / 엊그저께)

❽ '한글 ○○○'에 알맞은 말은? (맏춤법 / 맞춤법 / 맞줌법)

❾ 남에게 갚아야 할 돈. (빗 / 빛 / 빚)

❿ 음력으로 한 해의 맨 끝 달. (섣달 / 섯달)

p143

1. 다음 낱말 중 바로 쓴 표현에 동그라미표를 해 주세요.

❶ 점잖고 무게 있는 행동. (의젓이 / 의젓히)

❷ 몸이나 마음이 편하지 않고 고통스럽게. (괴로이 / 괴로히)

❸ '물건을 ○○○ 쌓았다.'에 알맞은 말은? (수북이 / 수북히)

❹ 단단한 마음으로 굳게. (굳이 / 굳히)

❺ 서두르지 않고 여유있는 행동. (느긋히 / 느긋이)

❻ '모든 집마다'와 같은 뜻을 가진 말. (집집이 / 집집히)

❼ 위치가 꽤 낮게. 또는 소리가 꽤 낮게. (나직히 / 나직이)

❽ 여러 모로 깊이 생각하는 모양. (곰곰이 / 곰곰히)

❾ 마음에 거슬림이 없이 흐뭇하고 기쁘게. (즐거히 / 즐거이)

❿ '매일매일'의 다른 말. (날날이 / 나날이 / 나날히)

`p144-145`

1. 다음 낱말 중 바로 쓴 표현에 동그라미표를 해 주세요.

❶ 조용하고 잠잠하게. (고요이 / 고요히)

❷ 결단성이 있고 용감한 행동을 가리키는 말. (과감히 / 과감이)

❸ 어떤 일에 온 정성을 다하여 골똘하게. (열심히 / 열심이)

❹ 간단하고 편리하게. (간편이 / 간편히)

❺ 'ㅇㅇㅇ 마주 보다.'에 알맞은 말은? (다정히 / 다정이)

❻ 어느 쪽으로도 치우치지 않고 고르게. (공평이 / 공평히)

❼ '쉿. ㅇㅇㅇ 해라.'에 알맞은 말은? (조용이 / 조용히)

❽ '신문을 ㅇㅇㅇ 읽다.'에 알맞은 말은? (꼼꼼이 / 꼼꼼히)

❾ 여럿이 줄지어 늘어선 모양이 가지런한 상태로. (나란히 / 나란이)

❿ 외롭고 적적하게. (쓸쓸히 / 쓸쓸이)

`p176-177`

1. 다음 낱말 중 바로 쓴 표현에 동그라미표를 해 주세요.

❶ 고기를 넣어 끓인 국. (고기국 / ~~고깃국~~)

❷ 기차가 다니는 길. (~~기찻길~~ / 기차길)

❸ 'ㅇㅇㅇ이 복잡하다.'에 알맞은 말은? (~~머릿속~~ / 머리속)

❹ 이사할 때 이사갈 집으로 옮기는 짐. (이사짐 / ~~이삿짐~~)

❺ 건너편에 있는 마을. (건너마을 / 건넌마을)

❻ 식물의 줄기 등에 모여서 진을 빨아먹는 해충. (진디물 / ~~진딧물~~ / 진딘물)

❼ 어떤 것을 표지하기 위하여 세우는 말뚝. (표말 / 푠말 / ~~푯말~~)

❽ 말을 하는 상대가 없이 혼자서 하는 말. (~~혼잣말~~ / 혼자말 / 혼잔말)

❾ 나무의 잎. (~~나뭇잎~~ / 나무잎 / 나문닢)

❿ 보통 흔히 있는 일. (~~예삿일~~ / 예사일)

p178

1. 다음 낱말 중 바로 쓴 표현에 동그라미표를 해 주세요.

❶ 윗니가 ~~흔~~들린다. / 웃니가 흔들린다.

❷ 윗어른을 공경하자. / 웃어른을 ~~공~~경하자.

❸ 위층에~~서~~ 물이 샌다. / 윗층에서 물이 샌다.

❹ ~~윗몸일~~으키기 / 웃몸일으키기 / 위몸일으키기

❺ ~~수탉이~~ 운다. / 숫닭이 운다. / 수닭이 운다.

❻ 실겆이를 마~~쳤~~다. / 설거지~~를~~ 마쳤다.

❼ 눈병이 나서 눈꼽이 낀다. / 눈병이 나서 ~~눈~~곱이 낀다.

❽ 불쑥 끼여들다. / 불쑥 ~~끼어~~들다.

❾ 해님이 ~~방긋~~ 웃다. / 햇님이 방긋 웃다.

❿ 슈퍼마~~켓에~~서 사왔어. / 슈퍼마켙에서 사왔어.